羅光著

生命哲學

續編

臺灣學生書局印行

序

去年年底出版了生命哲學訂定本，全書已改了三次，我想不必再改了。但是後來考慮書中尙有幾點沒有多加發揮，而且『創生力』的意義還不大淸楚，須要加以補充，便開始寫了「宇宙」一篇。一面寫，一面思考，連帶引出了許多別的問題；因爲「生命哲學」，和「存在論」有些關連，是由「存在」去講「有」。實際存在的「有」，乃一整體的實體，實體的根基卽是「在」，「在」是「生命」；實體的根基便是生命。在本體方面，實體是一；由一而有位格。實體的活動，如認識、如倫理道德、如美術；這一切都由生命而發出。在士林哲學的本體論，以「有」在本體上具有眞善美，這種抽象的觀念，由生命而見諸實行。實行的結果，人類乃有歷史、有文化；歷史和文化便都是生命發展的成效。

沿着這種思想的線索，我寫了十二篇文章，作成一册有系統的生命哲學續編。書成，仍由學生書局出版。

羅　光

序於天母牧廬
民國八十年八月卅日

生命哲學續編

目錄

第一章 宇宙

一、宇宙爲無限之力（能量）

「宇宙係由恒星所構成，星則聚集在無數形狀的銀河中；宇宙中能供我們觀察的物質，其平均密度極低，係屬每十個立方公尺約有三個氫原子的樣子，但這物質卻構成了極其複雜的天體。遠在我們所能看見的每一方向，都有恒星形成的銀河。星是經常在形成中，並且在進化的過程中。銀河也在誕生、發生與死亡中。雖然我們對恒星的進化，知道的頗不在少，可是對銀河進化的認識，卻少得異常可憐。」❶

「銀河在進化中，劇烈爆炸會引起電波放射，有些銀河現示出曾連續發生數次爆炸的痕跡。銀河構成的星系也在進化。有的是聚合星系，但似乎有數十億年的年齡。準星比最亮的橢圓形銀河尚亮百倍，卻是無敵的極猛烈的能源，所能放出的能量，比太陽高出一萬億倍之多。……光線所走的途徑，受到了物質存在的限制。這導致了對變曲太空的討論。……人類正不斷地努力，以求確定究竟宇宙是敞開和雙曲面的，抑爲密閉而圓形的，休伯爾休麥遜關係與來自天空深處的電波噪音，似乎都在表示圓球而密閉的模型。……宇宙的年齡約爲一〇〇億年。所以據推測，一些特殊的大事態（所謂『大爆炸』），就是在那個時候發生的。」❷

「宇宙大霹靂時所發生的物質和能量，經過不知多少時間，這段時間當中，宇宙是無形無狀的，……到處是一片無法穿透的漆黑，虛無中有氫原子，到處都有稠密的氣體聚集物在成長，而物質所聚結的球體也逐漸緊縮，一氫氣的『雨滴』比太陽還大。而在這些氣球體中，最先孕有了潛伏於物質中的核火，於是第一代恒星出世了，使宇宙充滿了光亮。」❸

宇宙在開始時，是一個氣體，可能爲極大的封閉橢圓形，也可能是大而向外開放形。氣體內具有不可想像的力，發動劇烈的「大爆炸」（大霹靂），漸次形成恒星和銀河。宇宙的大爆炸，由宇宙內的能所發動，就是宇宙的力所發動。『能』和『質』的關係，海森伯在所著的物理學與哲學說：「質量和能量本質上是相同的觀念，所以我們可以說，所有基本粒子都由能量組成。」❹「能量轉成爲物質，使基本粒子的碎片，仍然能夠是同樣的基本粒子，」❺

從自然科學可以取得下面幾個重要的觀念

1. 宇宙是動的，常動，常變化。
2. 宇宙的變，是宇宙具有動力。

3.宇宙開始時，是一團氣體或星雲，無形無狀，赤黑無光。
4.由爆發而有恒星，恒星發光。
5.星與星之間，有力的關係，例如光、電波。
6.光的前進，是曲線形，受中間物質的抗力。
7.宇宙的物質，由能量而成，都是「力」，物理學以能量代表物質。
8.宇宙因力而動，由動而化生萬物。

有了上面的基本觀念，我們由哲學觀點來研究「宇宙」，宇宙是一整體，不是多數宇宙，雖然體積是無極的大，銀河中間的距離是無限的遠。銀河彼此以「力」相連繫，宇宙內的萬物，也是以「力」相連繫。

這個動的「宇宙」，由造物主的創造力所造，是一種變造之力，力有無限之大，稱為創生力。

二、宇宙的質和理

創生力有自己的「質」，就是它的體。創生力的體質，在開始時，因為是動的質，形狀不定。有如老子所說的「道」，本質渺茫，恍惚窈冥，有精有象（道德經第二十一章）。又如張載所說的「太虛」或「太和」之氣，浮沉升降，絪縕相盪，好似野馬奔馳。（正蒙、太和）老子的物。

「道」和張載的「太和」，都是宇宙的源起，宇宙開始時，體質的形狀不定；但並不是無形，所說的不定，祇就外面形狀而講。宇宙的整體，既然是物質，必定有自己的形。不過，它的形，就外面形狀說，是不確定的；因爲本質形狀若一經確定，則不能本體內起變化而化生萬物。

創生力有自己的理，即是它的本性。創生力的理是動之理，因自己的理而有動的原則，而有各部份結成的次序。

宇宙既由銀河而構成，銀河則由星而構成，星與星之間，銀河與銀河之間具有物質。這些物質的質，和星的質，構成宇宙的質。但也可能，宇宙原始的氣體或星雲，有部份還沒有爆炸而成銀河。這部份原始的氣體，當然也是宇宙的質。宇宙的質，即是創生力的質，也卽是包括宇宙萬物的質。

宇宙的理，卽創生力的理，是否包括宇宙萬物之理？這就觸到程頤和朱熹的『理一而殊』的問題。程、朱主張天地只有一理，萬物分有這理，分有的程度不同，每物的理便不相同；分有的程度由氣的清濁而定。「理一而殊」的解釋，「一理」是「生命之理」，即是每物「存有之理」。每物所有生命的程度不同，朱熹說因爲每物所得之理，有偏有全。

宇宙既爲一個整體的實體，必定具有自己的理。宇宙因着自己的理，成爲「宇宙」，又因着自己的「理」而變動。宇宙爲造物主所造，宇宙的質和理，都由造物主的創造力而有。

創造力創造宇宙的質，是由無中造有；由無造有乃是「創造」的眞正意義，因爲造物主是全能者。創造力創造宇宙的理，不是由無中造有，而是以天主所想之理，給予宇宙。好似一位工程師爲建造一座大樓，使用外面的材料，按自己所想的，構成一建築圖樣，材料是大樓的質，是外面先有的物件；建築圖樣是大樓的理，是建築師內心所想的。天主以外沒有外面的物件，天主以自己的神力創造宇宙的質；天主有無限的智慧，按自己的智慧訂定宇宙的理。天主的創造力創造宇宙，按天主所定的理，由無中創造了宇宙的質。質理相合乃成宇宙。這個宇宙之理，是宇宙本體之理，而不是萬物之理。萬物由宇宙——創生力的變動而化生，萬物之理不包含在宇宙之理以內。「質不能生」，「理不能分」，乃是兩項原則。質是質料，質料按「理」而結合，以成一物，質不能生理。「理」是非物質性，是抽象性，沒有份子，不能分化。一物之理，不能由他物之理分化而來。因此，在哲學上有「理」從何而來的問題。質——材料，是由已有的材料而來。在抽象方面，「質」是「理」，都沒有來源問題。在抽象方面，只講「質」和「理」是什麼？不講從何而來。在具體上，就要問從何而來？宇宙萬物的「質」，是從宇宙的質而來。中國哲學以萬物的「質」爲氣，氣在具體上爲宇宙的氣，宇宙的氣則是一氣。萬物的「理」，宋明哲學家都以爲理在氣中，朱熹則以理和氣相平，同時存在，沒有先後；但是他沒有講理氣的來源，而且他否定有一個先天的「理」。西洋哲學也沒有注意這問題，因爲西洋哲學講物的本體，是在抽象的形上方面講。只是在講生命的來源，觸到了這個問題。西洋哲學講生物，以生魂爲生物之「理」，生魂爲生命的中心，生魂由何而來？普通說生魂由同類的生魂而來，一株花的生命魂由種子而來，種子的生命由結種子的花而來。可是到了人的靈魂，則發生困難，人的靈魂不可能由父母的靈魂而來，因爲靈魂爲精神體，父母的靈魂不能分，子女的靈魂不能由父母身體所生。天主教士林哲學乃主張人的靈魂由天主所造。天主造靈魂可以有兩種解釋，或是解釋每個人的靈魂，在母胞有孕，天主就造靈魂，胚胞立時有人的生命；或是解釋天主在創造宇宙，開始時就把造生靈魂之能賦予宇宙，造生靈魂之能在適合靈魂生存時，以父母的結合產生受精的卵，卵卽生靈魂，卵之能是由造物主天主在宇宙開始時所造。這第二種解釋，也用之於一切物種的進化，上級物種的理，在進化程序中不能由下級物種變化而來，因爲下級不能包含上級。由下級進化到上級之理，這理也是造物主在創造開始時就賦予宇宙，但是困難則在於造物主給予這些物理的理，在創造開始時，具體上賦予恍惚的物質呢？還是只是一種抽象的理論？具體上賦予恍惚的物質，物質本身之理很低，怎麼可以包含高級的理，甚至於純精神靈魂之理？這在理論上很不好講！聖多瑪斯認爲創造是繼續的，因爲宇宙不能自有，須由造物主所在；宇宙又不能自存，須要造物主繼續支持，因爲它的存在由造物主而來，它本身是虛無，不能保持由造物主所得的存在，常繼續依靠造物主的支持，這種支持就是繼續的創造。在天主一面，無所謂繼續，因爲天主超出時間，在宇宙一面則有繼續。爲解釋靈魂的來源，乃用繼續創造的理論去解釋，卽靈魂由天主所造。

我本來接受這兩種解釋，可是經過長久的考慮以後，我認爲只有繼續的創造，可以解釋萬物之理由何而來，造物主用創造力創造宇宙的「質」，宇宙以後的變化都在宇宙內運用已有的「質」去變化。在變化時，是創生力在變，創生力常和創造力相結合，從創造力接受變動創生的「力」，也接受各種變動的「理」。王船山曾說「性日常而命日降」，陰陽繼續變化，每種變化都按天降之命而化，性既繼續生，天命也繼續降。創生力常變，按照造物主所定之理而變，理由造物主的創造力而來。每個物體的理，都由創造力而來，每個物之理都不完全相同。就是朱熹說物質之性由氣清濁而來，物的清濁由何而來？朱熹不能答。普通則說「命也」，乃上帝所安排。

宇宙有自己的質，有自己的理，有自己的力，力就是創生力。創生力無限之大，如野馬奔騰，繼續變化，化生萬物。萬物各有自己的質，各有自己的理，各有自己的力。萬物各自的質，都來自宇宙的質；萬物各自的理，各來自創生力所接受由創造力所賦之理；萬物各自的力，來自創生力。

三、力

中西哲學講宇宙萬物，很愼重地講「性」，講「質」和「理」，然後又講「在」；但都是抽象的觀念。對於具體上一個最重要問題，則都放過不講。西洋哲學以「性」和「在」相結合而成一實體，卻不講「性」怎麼能和「在」相結合。大家以爲「在」是具體性，「性」有了「在」，便實際存在了。但是西洋哲學所講的「在」爲抽象觀念，抽象觀念的「在」，怎麼成爲具體的存在？乃一重要問題。中國哲學朱熹以理和氣相結合成物，朱熹也沒有講理怎麼和氣相結合？這個中西哲學的問題，乃是「力」的問題。

亞里斯多德曾說宇宙萬物的變化，須有四種原因：「質料因」，「型理因」，「動力因」，「目的因」。四因中，以「動力因」爲主因。由「動力因」發動變，使質和理相結合，結合的目的在成有目的之物。「動力因」發動變，以自己的力而發動，由所發的力結合質和理。因此，質和理的結合，或理和氣的結合，由「動力因」的力而結合。亞里斯多德又認爲宇宙萬物能互爲「動力因」，萬物都具有發動變的力，但是「力」由「在」而來，萬物不能自己使自己在，因爲都是相對的有，最後須上溯到絕對自有體（造物主），由絕對自有體而有「在」，也最後由絕對自體而有力。

宇宙整體在動，而且常動；宇宙的力，貫通整個宇宙，又貫通萬物。萬物的力，來自宇宙的力。宇宙的力是創生力，來自造物主的創造力。

整個宇宙是一個創生力，在整個宇宙內動。整個宇宙的質是創生力的質，爲創生力「動」的範圍；創生力在本體以內動。整個宇宙的理爲創生力的理，創生力按照自己的理而動。創生力「動」而化生一物體，將得自創造力所賦予這物體的理和宇宙的一份質相結合，成這物體。化成的這物體有質有理，又因創生力而存在。這物體的存在，保有創生力的力，又常在自體以內變動。因此，物體的存在，都是動的存在。

創生力在物體內的力，使物體的各份子元素按自己的理相結合，又按自己的理而動。例如人的存在，是活動的存在，普通稱爲生命，即是創生的力。人本體的創生力，來自宇宙的創生力。人的創生力的體爲靈魂，靈魂爲人的理。人的理爲造物主的創造力所賦予，經由宇宙的創生力而賦予人。人按自己的理所有的本體創生力，即人的力，爲心靈相合的生命。人的生命使人的心靈和身體相結合，又使身體的各部份相結合。士林哲學以人的靈魂整體在人的整體內，又整體在人的各部份內；這不僅是說人的抽象的理在整體人內，又在各肢體內；而且是說人的具體的理即是人的生命，在整體的人內，又在人的各肢體內。例如我們說一隻手不仁，沒有生命，這隻手已經就不是人的手，而是另一塊物了。若是人的心靈和身體相分離，人就沒有生命，人已經不是人，而是屍體了。一個人的存有，是靠他的「在」，人的「在」爲生命，爲創生力。同樣，一朵花的存有也靠它的「在」，花的「在」也是生命，也是創生力；一朵花沒有生命，就不是花了；花的各部份跟着就要分散。

力在宇宙內，使宇宙各部份相結合而成宇宙，又使宇宙繼續存在，繼續動。力在一物內，使物的份子相結合而成物，又使物繼續存在，各份子不分離，且使物本體常動，常有變化。

凡是物，都具有自己的「力」，都因力而存在。一塊石頭是因着自己的力而使各份子相結合，一塊石頭又因着自己的力而有內部的動。石頭不會自己分散自己的各份子，常因外面的力而「風化」。石頭在物理學上被說明內部元素常動，也漸起變化。

物體因自己的力而有內部的動，就稱爲有生命。生命就是『自己的內動』。「自己的內動」是按照各物體自己的理，各不相同。有的，在多數物體內有共同點，共同點便構成一類。通常依據「自力內動」的程度，排成一系列的「生命」。朱熹說是由於氣的清濁，生命的理便有表現多少的程度，生命乃有高低。人得生命理之全，生命之理在人內全部表現，人的生命乃最高。究其實，人之理，由造物主所賦予，造物主由創造力經創生力而賦予，人的生命是按照自己的理。人有人之理，人有人之創生力，有人的生命。

中國的哲學，講宇宙的變易，特別注重「力」，以宇宙爲生命洪流。莊子以天地一元之氣，週遊宇宙，貫通萬物，人養一元之氣，和萬物合一而相通。

西洋哲學並不是不注意宇宙之力，然因這個問題進入了造物主的創造問題，應由神學去講。西洋神學有專門講創造的專章，天主教的信仰聲明：『上主，祢所創造的萬物，理當讚美祢；因爲祢藉着聖子，我們的主耶穌基督，以聖神的德能，養育聖化萬有。』(彌撒感恩頌第二式）聖神的德能，就是造物主的創造力，創造了宇宙萬物，還繼續『養育聖化萬有』。

西洋自然科學的物理學，已經集中在力的「能量」，整個宇宙是一本力學。物質是力，物質的關係是力。整個宇宙是力的交織網，銀河和銀河由力而聯繫，星和星也由力而聯繫。地球上的物體也由創生力的變而化生，又由力而保全，且由力互相聯繫。

我們講哲學，不能放下這種學術研究而不顧，只存留在抽象的觀念上，實際的宇宙是動的宇宙，是變化的宇宙，每一物體也是動的物體，也是變的物體。因此，我們講生命哲學，宇宙爲活的宇宙，物體爲活的物體。

附註

❶ E. L. Schaztman，宇宙之結構，石衍長譯，廣文書局，下册，頁三三。
❷ 同上，頁三四二—三四三。
❸ 卡爾沙根　宇宙的奧秘，蘇義穠譯，桂冠圖書公司，頁二一〇。
❹ 海森伯　物理學與哲學，頁三七。
❺ 同上，頁三九。

第二章 「一」的根基

一、實體的一

在哲學上，遇到普通在人類社會最淺近的觀念，卻變成很艱深的問題。「有」，在普通的生活裡，每個人一天中不知道要說多少次，連小孩子也是這樣。可是「有」，在哲學上卻成了形上學研究的對象，是哲學上的最高的一段。同樣，「一」，在普通的日用語裡，也是時刻常說的話；可是到了哲學上，又成了形上學的艱深問題，哲學者彼此爭論不休，很難得到定論。

對於「一」，❶我想討論三個問題：第一個問題：一個實體怎麼成爲一？第二個問題：一個實體常在變，爲什麼常是這一個實體？即我常在變，爲什麼我常是我？第三個問題爲位格問題，或人稱（Persona）問題，人稱的要素是什麼？這三個問題都有連帶的關係。

一個實體，爲什麼成爲一？

一張桌子，爲什麼是一張桌子，不是多張？爲什麼成爲一，構成的原料不互相分離？一個人爲什麼是一個人？一株樹是一株樹？

一張桌子成爲一張桌子，是製造的圖形把各份子結成一張桌子，一座房屋成爲一座房屋，是建築的圖形把各份子結成一座房屋。普通人們都知道這一點。製造桌子要有材料，建築房子要有材料，有了材料還要有製造或建築的圖形。材料是「質」，或稱「元質」；圖形是「理」，或稱「元形」；元質也可比爲「氣」，元形也可比爲「理」。物體由「元形」和「元質」而成，也可以說由「理」和「氣」而成。桌子或房屋之成爲一，由圖形所成；物體之成爲一，則應該說是由於元形，或說由於理。

但是這是在抽象的理論上說：一幅桌子的製造圖，一幅房屋的建築圖，在圖形上是把各份子結合起來了看來是一張桌子或一座房屋。可是在實際上，圖形祇是各份子應該佔有的位置，並不能使各份子結成一個。我在討論「實體」時就說過，「質」和「理」結成「性」，「性」要和「在」相結合才成一物體，若在理論上講，可以把「性」和「在」結成一「本體」，在實際上，「在」要是創生力，才可以和「性」相結合而成一實體。因此，實體的成因，主要是「在」，而「在」是力，即是創生力，創生力則是生命。

人是理性動物，理性動物成爲「在」，即是這個人在。這個人在，是因爲這個人活，他不活，他就不在。一個人剛去世，他看來還是理性動物，但他已經不是人，因爲他不活了，不能有理智。人的「在」，便是「生命」。你當然可以說「理智」是人的「元形」，即是人之「形理」；人的形理，乃是靈魂，靈魂便是人所以「在」的理由，而不是創生力的所謂生命。可是理智爲人的「形理」，若只是抽象的形理，決不能使人「在」；理智爲人的形理，形理要是靈魂，靈魂也不能祇是抽象的靈魂，而是具體生活的靈魂，靈魂即是人的生命，靈魂一離開身體，人就沒有生命，人就不在了，人的存在是生命，生命是人的靈魂，人由靈魂而存有，由靈魂而成爲一。靈魂就是人的創生力。

靈魂使人的各份子結合成一個人，靈魂結合各份子，貫通各份子，一個人的全心全身都有生命，一支手臂，一個指頭，痲木不仁，沒有生命，便和身體分離。

一株樹，一株花，由生命而成爲一。樹桿和枝葉由樹的生命或花的生命，互相連繫結成一體，一體由生命而存在。若一枝一葉枯乾沒有生命，就和整體相分離，若整體的樹或花枯乾沒有生命，枝葉便互相解體。樹和花的生命，就是樹和花的創生力。

一塊石頭，一座山，由許多份子結成一體，結成的原因是體內有一種力量使它們相結合。這種力量也使石頭或山在體內有變動。體內的力雖不像植物動物體內的力很靈活地週遊體內，但也是達到整體的各份子；若不達到一份子，那份子就會脫落。中國古人常說山有山脈，現在人濫墾，挖斷了山脈，山就崩下來。普通所謂無生物，也具有創生力、內動，因此，中國哲學承認有生命。

每一個實體都是因着「在」而爲「存有」，每一個「存有」都是一，「存在」的一，就是因着「在」，「在」爲「有在」則是活動的「存在」，即是生命，就是創造力。

二、實體的一致性來自創生力

哲學上對於每一個實體，有兩個問題：一個是每類物體成爲多的單體問題：例如人，有無數的個人，個人的成因在那裡？另一個問題是「一致性」（Identity）❷、一個人從少到老，常是同一個人，理由在那裡？

單體的成因，士林哲學主張是元質（Materia），一類物質的元形 Forma，都是一個，沒有分別，人都是人。單體的分別，在於元質使元形的「能」，在成爲具體性，有數量多少的不同。例如一個人的智能有多高，一個人的身體有高低肥瘦，有顏色濃淡，有耳目口鼻的位置，這些特性都由元質而來，就是說元質限定了元形之「能」的數量，由「能」的數量乃有不同的單體。中國哲學的朱熹主張單體由氣而來，理成物性，氣成物形，單體的分別不在物性，是在物形，物形由氣的清濁乃有不同。

但是，或是元質，或是氣，限制「理」或「性」以成單體，單體的氣所有數量，或單體的氣所有清濁程度，由何而來？即是說爲什麼我的智力是這麼高或低，我身體的外形是這樣？中國哲學說這是命。孟子就講性和命。一個人的人性，來自天命，一個人的個性，即朱熹所說氣質之性，也來自天命，因爲氣不能決定自己的清濁。人的氣較比物的氣，清得很多，那是人有人性。一個人的氣比別一個人的氣或更清或更濁，那是因爲天命。雖是元質或氣限制性或理，使人性成爲個性；制定元質的數量或氣的清濁，不是朱熹所說偶然湊成的：

> 稟得精英之氣，便為聖為賢，便是得理之全，得理之正，稟得清明者，便英爽；稟得敦厚者，便溫和；稟得清高者，便貴；稟得豐厚者，便富；稟得久長者，便壽；稟得衰頹薄濁者，便為愚、不肖、為貧、為賤、為夭。
>
> 又曰：天之所命，因是均一，到氣稟處便有不齊。看其稟得來如何，稟得厚，道理也備。（朱子語類，卷一，人物之性、氣質之性）
>
> 又問：一陰一陽，宜若停勻，則賢不肖宜均，何故君子常少，而小人常多？曰：自是他那物事駁雜，如何得齊！……
>
> 又問：如此，則天地生聖賢，又只是偶然，不是有意矣。曰：天地那裏說我要特地生箇聖賢出來，也只是氣數到那裏，恰來湊著，所以生出聖賢，及其生出，則若天之有意焉耳。（朱子語類，卷一，人物之性、氣質之性）

氣數既屬天命，天命不能解釋爲偶然湊合。天命應爲上天之命。不是天地有意，而是上天有意，天地只是天地的工具，在士林哲學，聖多瑪斯解釋為天主，造物主掌管天地萬物的「措施」(Providentia)，這種「措施」稱為繼續的創造，造物主創造宇宙萬物以創造力而創造，創造力創造生力，創生力繼續不停發動宇宙的變化，化生萬物。天命就是造物主在創生力化生一物時，由創造力通過創生力賦予這物的物性和個性；所以物性和個性都來自造物主的天命，由創生力予以實現。因此，單體成為單體的理由，在現象上說，是元質或氣，在實際上說，則是創生力。

孔子和孟子對於「命」，不僅承認有人性和個性的命，還承認有重要遭遇之命。孟子曾說：『吾之不遇魯侯者，天也！臧氏之子，焉能使予不遇哉！』（梁惠王下）人的生活繼續邁進，時時有所遭遇，大小不同，都是人事和自然環境所構成，造物主掌管宇宙萬物，讓人們和自然環境依照通常的程序進行，不特加干預；但有些重大的遭遇，對於一個人所有的使命，或對人類社會或國家民族有重大關係，則造物主予以「措施」。這種「措施」也由創生力而實現。在超性方面，天主的措施，則直接由天主聖神而實現。實體都是單體，也是個體，這個單體繼續在變；然而卻常是這個單體。在人方面，就是「我」的問題。一個人從少到老，常是一個「我」。不論身體、智識、品行，怎樣改變，「我」則常是「我」。這個「我」，究竟由何而成？

大家知道這個「我」，不能由身體方面去說，因為我的身體最表現變，看來最常不是一樣。也不能從心靈方面去說，心靈所表現的智識、品行，就常在變，有些哲學者說是人的記憶，使我常知道我是以前的我。這種解釋行不通；因爲不僅是因病失去記憶的人，仍舊是他以前的我；就是有記憶而不用記憶的時候，也是他以前的我，又有些哲學者說是因爲有自我意識，每個人常意識到自己常是同一個我。但是這種解釋也行不通，因爲和以記憶來解釋有同樣的困難，而且還有更多的困難。我不僅知道我常是同一個我，我也知道別人也常是同一的個人，一隻狗常是同一隻狗，一朶花常是同一朶花，一塊石頭常是同一塊石頭，任何物體在它存在的時候，常是同一個身體。並且精神體也是一樣，一位天使常是同一位天使，造物主天主常是同一的造物主天主。因此，很顯明，「一致性」不能由心靈方面去解釋，必定要由本體方面去解釋。

士林哲學解釋「一致性」就以物的本體作根由；每一個實體的本體常不變，附加體可以變，「我」之所以常是「我」，是因爲我的本體常在而不變，我所變的是附加體。可是我在解釋實體時，主張實體爲一整體，整體之「一」在於創生力，即是「存有」，即是具體的「在」，即是生命。本體是抽象的，本體的「性」和「在」，也是抽象的；抽象的本體成爲實際的實體，是由於創生力。實際的實體常因着創生力而變，創生力雖常動，但在一實體內常是同一的創生力、常賦與實體同一的「性」。一實體的創生力，就是實體的「存有」，就是整個的實際實體，一實體的創生力常是同一的，實際的實體就常是同一的實體。

「我」之所以常是「我」，是因着我的「存有」，是因着我的生命。我的生命使我結成一個實體，與衆不同，成爲一個「我」。這個實體幾時「存有」，幾時便是這個實體，而且是整個實體。「我」之爲「我」，是整體的我，是實際具體的我，不是抽象的本體。整體之「我」是「我」，在於我活着，我有同一的生命，我幾時不活，沒有生命，我就不是我了。

一隻狗，一朶花，常是同一的狗，同一的花，是因爲有同一的生命，同一的創生力。一塊石頭，一張桌子，一枝筆，常是同一的石頭，同一的桌子，同一的筆，不是因爲它們不變，而是因爲在它們內具有創生力，使它們成爲「一」，使它們以內有變，使它們是動的「存有」。它們以內的創生力常是同一的，它們也就常是同一的。

簡單地說：士林哲學主張「一致性」的根由是「本體」，本體是抽象的實體；我所主張的「一致性」的根由是創生力，創生力是實際的本體，是整體的實體。士林哲學是西洋哲學就抽象方面講「有」，我以中國哲學傳統講具體的「存有」。

三、位稱（Persona）[3]

「一致性」(Identity) 在現代社會的流行語中，又代表一個人在社會裡所作的「角色」。孔子曾極力主張正名，父父、子子，君君、臣臣，每個名詞代表一種身份，每種身份各有各的權利義務。名詞是抽象性的，具體的身份代表，在中國戲台上有「臉譜」，每種角色有各自的面具，面具代表角色。現代社會上所稱的「身份」(Personalitas, Personality)，在於一個人怎樣可以使大家看出來，或認識他是那一行業的人，這種「身份」便是指的每種行業人的特徵。例如一位教士「神父」，他的特徵在那裡。同時，這種身份也指着社會地位，每種行業人在社會裡佔什麼地位。

行業的特徵和地位所造成的身份，是一種社會的現象，由社會價值觀去作研究，不是哲學上的問題。但是在根由裡，社會身份是來自哲學的「身份」(Persona)，即是位稱。因爲社會身份的根本意義是一個人的「自己」，父親自己是父親，教師自己是教師。一個人的「自己」，讓別人可以認識出來，而且受到別人的重視。

「自己」受到別人的重視，在現代社會裡，又有一個名詞，即是「人格」。每個人都認爲自己有自己的人格，別人不能輕視或侮辱。另外青年人，工人、婦人，從前常受人管轄，只有聽命順從，現在大談自己的人格，要求父母、雇主、男人，予以尊重。

還有一種「人格」，也是現在青年所喜好標出的，是自己的個性。一個青年要顯出自己和別人不同，標出自己有自己的性格，自己的嗜好，自己的特長。有的歐美青年表示看輕金錢享受，回歸到原始的生活，造成了一派「嬉皮」，尼采曾經標出「超人」，現在社會標出女強人，政治強人。這些人的特點，代表他的人格，標明他自己。

人格，在倫理道理方面，則代表一個人的品德，或品格，人格的高低代表一個人道德修養的高低。一位道德修養高的人，別人稱讚他的品格高尚；一個道德修養低的人，人家便罵他沒有人格，或是人格掃地。

上面種種「身份」、「角色」、「個性」，「品格」、「人格」的意義，雖有不同，然而在根基上，卻都同在「我自己」的基礎上。社會或本人對一個人的評價，由社會、心理、道德各方面，看一個人的表現，予以評價。在這些評價的中心，則是一個整體的人，也是一個單體的人。

因此，人格或位稱（Persona）在西洋哲學，根據波厄基烏（Boetius）的定義，常說是「一個有理性的單體。」在這項定義中有兩點是最重要的成份：一、有理性；二、單體。沒有理性的物體，不能有人格，不能有位稱，便不能稱爲「一位」，人有理性、人格或位稱，便用於人。造物主天主，天使，也有理性，便也有位稱。

但是「有理性」是一個共同觀念，代表許多實體，或至少代表人、天使、造物主天主，在人格或位稱的涵義裡雖然重要，然而不是決定性的，人格或位稱，不由「有理性」而決定；決定性的是「單體」，人格或位稱必定要是一實際實體。「有理性」屬於「性」，「單體」屬於「在」，在本體方面，人格或位置，不由「性」去決定，而由「在」去決定。

人都是人，「一位」則是這個人或那個人。人的單體稱爲「位」，卽是有人格或位稱；然而人的單體和「位稱」有什麼分別？或者是兩者完全同一，在實際上沒有分別？在理論上，人的單體，即是有理性的單體，和「位稱」是相同的，同是指着一個人。在實際上，兩者的內容不完全相同。人的單體，在實際上，指着這個這個人，指着這個整體的人，但不特別標出他的特點。「位稱」在實際上，特別注重他的特點，他在「存在」上自有的方式，與衆不同。普通在文規上，西洋語言常有第一人稱、第二人稱、第三人稱，稱爲位格。這種位格就標出一個單體的人在「存有」上的方式，這種方式，由「存在」的關係而定。在法律上，「人稱」代表權利，一個人是權利的主體，稱爲「自然人」，法律所承認的權利主體，稱爲「法人」。因此，在本體上，單體的人有他的人稱（Persona），應是個性完全的人，即是存在的方式是完全的人。

天主教神學，特別講論「位稱」，爲講天主三位一體。「位稱」不是從本性去講，所以天主的本性是一。天主的存在也是一，不然便不是唯一的天主，而是多的天主。但是天主存在的方式有三，即是存在的關係有三，每種方式爲一存在方式，每一存在方式，成爲天主的一位。所以能夠有三存在關係，那是神妙不可理喻的。

近世士林哲學，對於「位稱」，常注重三點：第一，「位稱」是一。一，不是抽象的一，是生活的個體；不是份子所成的一，是使份子結合的一。第二，「位稱」是自立，即是自立體，不是依附體，而且是自己認識自己。第三，「位稱」是自主自求，自己主宰自己的行動，自己爲行動的目標。從這三點看來，「位稱」是有完全存在方式的理性單體。上面所說的三點，就是完全存在方式，也就是完全的生命。

附註

❶ 對於「一」，希臘哲學已經注意到，柏拉圖以「觀念」爲一，多，是觀念的分享。亞里斯多德分兩種一，一種爲理則學的一，爲一屬詞，解釋一個主體；一種爲本體的一，可以有四種不同的本體，一，指示一個不可分的運動；二，指示一個本質；三，指示一個類；四，指示不可分的觀念。

天主教神學家講論天主的唯一性，乃以「一」和「有」在本體上相同，同樣「眞」和「善」也和「有」相同。

康德以「一」爲認識的範疇，黑格爾以「一」，爲辯證的起點，當代西洋哲學常把「一」由數學及心理學去研究。

❷ 關於一致性，洛克在 Essay Concerning Human understanding 書中的第二十七章，討論這問題，主張「一致」性屬於身體的生理結構。然而他承認人具有精神，由精神而有記憶，記憶應進入一致性的觀念裡。

休謨在 Treaties of Human nature 的第一卷第六節，討論這個問題，主張由心理方面解釋人的一致性，因爲在本體方面，不能有一本體常在變，而又常是同一本體。

❸ 關於「位稱」。

聖若望大瑪休諾的定義說：「位稱，是以自己的動作和特性，表現自己，和同本性的（存有），互相分別」。(Dialect, C43 in Migne P. G. 94.col. 613)

聖奧斯定的定義說：Singulus quisque homo, qui……secundum solam mentem imago Dei dicitur, una persona est et imago Trinitatis in mente.(De Trinitate, XV. 7, 11) 每一個人，在理性上是天主的肖像。位稱，是天主聖三的肖像。

波厄基烏的定義說：Persona est naturae rationalis individua substantia. (De-duabus naturis et una subotantia Christi. C. 3. iin Migne P.L. 64, Col. 1345)

附　錄

黑格爾在所著的美學中，強調藝術美在於注入生氣，美的客體以生命作統一的基礎。

美是理念，即概念和體現概念的實在二者的直接的統一，但是這種統一須直接在感性的實在的顯現中存在著，才是美的理念。

理念的最淺近的客觀存在就是自然，第一種美就是自然美。（黑格爾美學，朱孟實譯，里仁書局，上册，頁一六二。）

較高一級的自然物却讓概念所含的差異面處於自由狀態，每一差異面在其它差異面之外獨立存在。到了這步，客觀性的真正性質才初次顯露出來。客觀性就是概念的各差異面所現出的這種互相外在的獨立存在。在這個階段，概念以這樣方式顯出它的身分：因為它作為統攝它的一切定性的整體，變成了實在，所

以其中個別物體雖各有獨立的客觀存在，而同時却都統攝於同一系統。例如太陽系就是這樣方式的客觀存在。（同上，頁一六三）

概念的差異面的整體也明白外現了，但是在這裏概念究竟還是沉沒在它的實在裏，還沒有顯現為這種實在的觀念性和內在的自為存在。它的存在的基本形式還是它的各差異面的各自獨立，互相外在。

如果要概念達到這真正的存在，就要求實在中的不同方面（卽各獨立的差異面的實在與也是獨立的客觀化的統一的實在本身）能回到統一；就要求自然差異面的這種整體一方面把概念明白外現為它的各種定性，在實在界的互相外在，另一方面却又把它的每一特殊面的自封閉似的獨立狀態取消（否定）掉，使觀念性（在這觀念性裡各差異面回到了這主體的統一）顯現為對這些差異面灌注生氣的普遍源泉。這樣，這些差異面才顯得不僅是拼湊在一起的本無關聯的各個部分，而是一個有機整體中的成員；這就是說，它們不再彼此分立，而是只有在它們的觀念性的統一裡，才有真正的存在。只有在這種有機組織裡，概念的觀念性的統一才出現在各成員裏，作為它們的支柱和內在的靈魂。到了這步，概念才不再沉沒在實在裏，而是作為內在的同一和普遍性而轉化為存在，這種內在的同一和普遍性就是概念的本質。

只有這第三種自然顯現的方式才是理念的一種客觀存在形式，而這樣顯現於自然的理念就是生命。死的無機的自然是不符合理念的，只有活的有機的自然才是理念的一種現實。因為生命有這三種特色：第一，在生命裡概念所含的差異面外現為實在的差異面；其次，這些單純的實在的差異面遭到否定，因為概念的觀念性的主體性把這實在統轄住了；第三，這裡也出現了生氣，作為概念在它的軀體裡的肯定的顯現，作為無限的形式，這種形式有力量維持它在它的內容裡作為形式的地位。（同上，頁一六四—一六五）

因為生命的力量，尤其是心靈的威力，就在於它本身設立衝突，忍受衝突，克服衝突。在各部分的觀念性的統一和在實在界的互相外在的部分之間建立衝突而又解決衝突，這就形成了繼續不斷的生命過程，而生命就只是過程。這種生命過程包含著雙重活動：一方面它繼續不斷地使有機體的各部分和各種定性的實在差異面得到感性存在，而另一方面如果這些差異面僵化為獨立的特殊部分，變成彼此對立，排外自禁的固定的差異面，它就又要使這些差異面見出它們的普遍的觀念性，卽它們的生命源泉。這就是生命的觀念論。因為不僅哲學是觀念論的，凡是觀念論在心靈領域裡所要做的事，自然在作為生命時實際上就已經在做。只有這雙重活動合而為一，只有一方面有機體的各種定性的繼續

不斷的實現以及另一方面在觀念中替現實存在事物設立主體的統一這兩件事的合而為一，才是完滿的生命過程。(同上，頁一六七)

如果我們進一步追問：生命的理念在現實的有生命的個體裡如何可以認識，以下就是答案。第一，生命必須作為一種身體構造的整體，才是實在的；其次，這種整體不能顯現為一種固定靜止的東西，而是要顯現為觀念化的繼續不斷的過程，在這過程中要見出活的靈魂；第三，這種整體不是受外因決定和改變的，而是從它本身形成和發展的，在這過程中它永遠作為主體的統一和作為自己的目的而與自己發生關係。(同上，頁一六九—一七〇)

黑格爾以美為「理念」。「理念」是概念的實在。概念和實在，二者直接統一，乃是生命。生命把物體各不同的部份，排除不同點，而結合為一體。生命是一體的根基，黑格爾以生命祇在有機體內，無機體沒有眞正的統一，所以自然物沒有美。我不接受這種思想，自然有統一、有美。自然物的統一，是它的「存在」，「存在」是力，卽是生命，卽是創生力。

第三章　二與變——陰陽

一、行　動

行動兩個字，通常連成一個名詞，表示動作。蔣中正總統講「行的哲學」時，把行和動分開，說明兩個字的意義各不相同，蔣中正總統說：

> 能之凝結者為質，能之放射者為力；而這能、力、質，三者雖各為一個專名，而其發生作用時，仍要具互相效用，成為一個整體的東西。故質就是力，力就是質，二者根本不能分開。但質不是本體，本體乃是能。[註]因此我們可以明白，「行」與「動」是不同的。「動」並不就是「行」，而「行」則可以包括某種「動」在內。行是經常的，動是臨時的；行是必然的，動是偶然的；行是自發的，動則多半是他發的；行是順乎天理應乎人情的。……就其結果和價值

來說：動有善惡，而行則無不善。……我們所說的「行」和一般所說「動起來」的動，是斷斷乎不可混淆的。❷

蔣中正總統以「行」爲人性的自然發展，屬於人的本體。「動」的人本性以外的動，屬於人的用。人的本體爲能、爲性，由能發出力，力是行。行表現於外，是動。

我想把行動兩個字，再加以一種解釋，可以說是由蔣中正總統所講的行和動的意義，引伸出來的。「行」是生命的發展，「動」是物質的動。

生命的本體，爲「存有」；「存有」爲具體的實體，實體的存在爲力。「力」在本體方面說，沒有結構，沒有份子，乃是純淨一致的。絕對實體的存在，卽是祂的本體；絕對實體的力，也是祂的本體。絕對實體——上帝天主，本體卽是「存有」，而且是完全的「存有」。完全的「存有」不能有變，卻又常「行」，稱爲「純淨的行」，不含能，不變化沒有動，卻又常活，「無爲而成」。

上帝天主的「行」，不是由能而到成，是常常的永恒的成。上帝天主的本體是純淨的一，沒有份子。所以上帝天主的存有，在自己「體」内常行，行爲純淨的行，不動、不變、不化。「純淨的行」的力，乃是自己的本體，不是用，乃是生命。上帝天主的生命，就是自己的存有，也就是自己的本體；既然是完全的存有，便沒有發展；爲一純淨的生命。

人的本體，是心物合一體，人的生命，便是心物合一的生命。心物合一的生命，爲活的生命；心物合一的活，乃是心物合一的動，動則有變，又有化。心物合一的生命，在時間內開始，在時間內完成，所以有發展，發展則有變有化。因此人的生命，爲變化的動。就人生命本體說，本體具有發展的力，就是創生力，創生力本性自然發展，所以是行；但是人的本體爲心物合一體，創生力發展生命的行，也就是心物合一的行，因此，便也是動。人生命的發展，便是行動。

創生力成爲行動，行動使人的生命在心物兩方面起變化。創生力爲創造變化，不能是單純的力，單純的力一齊前進，不能創造變化，變化須由兩個元素而構成，創造人的生命在心物兩方面的變化，應該是兩種力，而不是單純的一種力。兩種力互相結合，結合的形式非常多，乃能有不同的成果。兩種力結合的形式，就是結合的理，也就是物體的理。兩力相結而凝聚成質，就是物體的質。

一是純淨的，不能變。二是變的動力。宇宙常在變動，變動而化生萬物，萬物自體又常在變，以求自體的發展。造物主的創造力，創造了創生力，創生力爲宇宙，宇宙創生力便不是單純的一種力，而是兩種力。」宇宙創生力具有兩種力，兩種力在動時相結合而成物。中國易經說『一陰一陽之謂道，繼之者善也，成之者性也。』（繫辭傳上　第五章）創生力的兩種力也可以稱爲陰陽。

性，生命爲存在，和存在相對待的爲物性。存在既是生命便常變，以求發展，變的理是物變的力爲創生力。爲變的創生力不能是一，而要是二。

張載曾說「一物兩體，氣也。一故神，二故化，此天之所以參也。」（正蒙·參兩）程顥說：「萬物莫不有對，一陰一陽，一善一惡，陽長則陰消，善增則惡減。斯理也，推之甚遠乎？人只要知此耳」（二程全書 二，遺書上，明道語錄 一）

造物主以創造力造了創生力，創生力爲兩種力。創生力在最初時是一種力，而後分爲兩種力呢？或是最初就是兩種力呢？創生力一受造，就是宇宙，宇宙開始存在就是動，創生力在受造時，最初就是兩種力；兩種力有分別，卻不分開。中國哲學就有陰陽在開始時爲一氣，或爲兩氣的問題？周敦頤和張載主張氣之本體爲一，然後分爲陰陽。王船山則主張氣之本體就是二，只是陰陽未顯，王船山的思想來自易經，易經的卦由⚊⚋兩爻而成，不是一在先，二在後，⚊⚋同時俱有；他所以主張「乾坤並建」。

創生力爲兩種力，宇宙就有兩種力，宇宙的一切變化都是創生兩種力所發動。這兩種力性質不相同，常要相結合。不同的兩種力相結合，成果便是一個新的結成體。

兩種力的性質怎樣？力不是質，不能說它的性質怎樣，祇能就力的本身說，力或是強或是弱。易經爲解說乾坤或陰陽，也祇說是：剛柔、進退、動靜。創生力的兩種力，是不同的力，是彼此互相調劑的力。

人的生命本來就有男女的性別，人的存在爲男女的存在。人或是男人或是女人，這不是偶然的，也不是附加體的，而是本性的。在抽象理論上，人是有理性的動物；但是在「存在」上，必定是男人或女人。男女，是創生力的兩種力，這兩種力要結合爲一，以產生新的人。

創生力的兩種力，發動宇宙萬物的動，動而有變，變而有化，化則化生新物。

普通常說：男人是女人的一半，女人是男人的一半，男女相結合爲一個生命，人的生命才完全。其餘一切的萬物爲能化生新物，都要有陰陽兩種力相結合。整個宇宙變動不息，就是創生力的兩種力運行不停。實際上，中國哲學以陰陽構成萬物萬事，宇宙間的事物或屬於陽，或屬於陰，造成中國的「對稱哲學」：天地、日月、晝夜、冷熱、長短、大小、胖瘦、強弱、剛柔、乾隰、溫和嚴厲、公義私利、聰明愚蠢、等等對稱的名詞，在西洋的語言思想裡，當然也有這些名詞，但不以爲是哲學原則，中國哲學則認爲這些名詞的成因，是本體的因素不同，即是由陰陽兩素所成，爲人生活，則求兩對稱事物的中庸，不過與不及，不偏不倚。易經就有宇宙變易的原則，這些原則，本來就是陰陽運行的原則。

二、變化

西洋哲學的變動，常是一個元素的動。黑格爾的動，便用辯證法：正、反、合（四）。

馬克思和列寧採用辯證法，強調「反」，以「反」作鬬爭。柏格森的生命則是繼續不斷的直線動，稱爲「延綿」，有如一道河水，不斷前流。中國哲學的宇宙變易，是陰陽兩元素的結合，變化多端，化生不同的萬物。

創生力的兩種力發動宇宙的動，動必中節，符合動的原則，造物主創造了宇宙，要宇宙繼續變動而化生萬物。從具體的實事上，我們知道新的生命由陰陽兩元素結合而生。因此宇宙的創生力必有兩種力，兩動力爲化生新物，不能是互相否定，互相摧殘，而是要互相結合，互相合作。男女一對夫婦，若是彼此相尅，不結合，怎麼能生子女！創生力的兩種力的變動原則，第一是互相結合，互相合作。這項原則在宇宙萬物中，也要顯明。達爾文所謂「弱肉強食」，不是進化的原則，祇是萬物生存的一種現象，是生命有次序而互相供給的原則。一種植物或動物的絕跡，必定因爲生活的環境不適於它們的生活；一種新植物或新動物的出現，也必因爲適合生活的環境出現了，創生力乃化生新的種類。

創生力的兩種力的變動原則，第二是中庸。中庸爲洽得其當，爲「中節」，兩種力的配合要中節，在本體方面要中節，在外面環境方面要中節。易經的卦變，須適合時和位，易經稱爲中正。中節的變動，表現協調。中國思想家和藝術家，特別稱讚宇宙間的自然協調，稱爲「天樂」，稱爲「天籟」。天主教聖人欣賞自然界的次序，便歌讚造物主的美妙。

中國哲學以宇宙的變動，爲循環的變動，「周而復始」，在人事歷史上，也守循環原則，在日常生活上，不是有白天黑夜的循環嗎？不是有春夏秋冬的年年循環嗎？創生力的兩種力的變動原則，是繼續的前進。宇宙是進化，不是退化。但是前進有多種限制，假使兩種力，常是直線前進，便不能相遇，不能結合，所以要有循環的動，使互相配合。創生力的兩種力變動時，有循環的相遇，循環相遇爲小變動，大變動是繼續前進，即是在循環中向前走。

再者，宇宙物體是物質的，祇有人的心靈是精神體。物質在變動時有消耗，在整體說來，「物質常存」，可是每種物質不是常存；因此，宇宙的進化，在整體上說常是前進；在物種方面說，則可有退化。可能地球的變動，將來可能達到不適於人生活的地步，人可能在地球上絕跡。

創生力的兩種力在變動時，能夠產生他種的力，這些力也變動，參加化生萬物的成因。易經以「陰陽生四象，四象生八卦。」漢朝儒者和宋朝理學家，則以「陰陽生五行，五行生男女，男女生萬物。」四象在漢朝時便消失，漢朝的五行，則盛行於後代，成爲中國宇宙和人生的一切萬物的成因，對於中國文化影響非常大。我認爲「四」和「五」都太呆板，太數字化。宇宙的變化，神妙莫測，不可硬性規定它的方式。創生力的兩種力結合時，可以產生新的力，宇宙萬物的化生，不祇是陰陽兩種力，還有由兩種力所產生的其他的力也參與化生的成因。例如一個胎兒的成因，當然是卵和精子，可是精子和卵內又有其他的力，共同構成這個胎兒。中國哲學的四象和五行，在原則上是對的，在數字上則呆板而不對了。

附註

❶ 蔣中正 總理知難行易學說與陽明知行合一哲學之綜合研究，蔣公全集（張其昀編）第二册頁二〇四七。

❷ 蔣中正 行的道理 同上，頁一二四四。

附錄 物理之道

亞立斯多德和聖多瑪斯都主張人的智識來自感覺，由感覺印象而構成觀念，哲學所以不是憑空的幻想，也不是祇停在抽象觀念上，應該在具體的實物界取得印證。我講生命哲學，就實際存在上講存有，因此，應該從自然物理學去研究是否從物理上，可以有些印證。我便抄錄物理學者的意見，附錄於後。

1. 宇宙

當我們研究宇宙與其數百萬銀河為一整體時，已經接近最大尺寸的空間與時間了；而且在宇宙的層次再發現宇宙是非靜態的——正在脹膨中！這在近代天文學中是最重大的發現之一。仔細分析由遙遠銀河收到的光已示明整個銀河羣是膨脹的，而且是在一十分管弦樂譜調似的方式下進行；任何一個銀河後退速度我們都察見與銀河之距離成正比例；愈遙遠的銀河，其遠離我們的速度就愈大；在距離加倍時，其後退速度也加倍。❶

由世界之非常廣大，由膨脹的宇宙，讓我們再回到無窮小的世界中來。……自古以來已佔據且刺激人類思想；物質是什麼造成的？自從有自然哲學開始，人類就已思索此問題，試圖尋出製造萬物的「基本材料」；但只有在本世紀才可能由有計劃的實驗來尋求此答案。以高度精巧的技術，物理學家能首次揭露出原子的結構，發現原子是由核及電子組成的，在此最後這廿餘年中，他們邁進另一步，已開始研究核成子——原子核的組成物的結構了。由此再度並未視為究竟素材粒子，但視為其他整體的組合而已。❷

能量是用於陳述自然現象最重要的一種觀念。在日常生活中，我們說一物體有能力作功時即該物體具能量……另一方面，一物體的質量，是它自身重量的衡量；即加諸該物體上的引力。……現在相對論昭示我們質量是沒有的。只不過是能量的一種形式而已。……一俟看出其為能量之一種形式，質量就不再認為是不可毀滅的了，却是能够轉變為其他形式的能量。當次原子粒子與另一

其他粒子碰撞時便能發生此事。❸

2. 宇宙之舞蹈

廿世紀中次原子世界的探索已揭露物質的內在動態性質。已昭示原子、次原子粒子之組成均為動態的式樣並非以孤立的實體存在，而是不可支離的交互作用之網絡的完整部分。此等交互作用涉及一能量之不停流轉，自行表現為粒子之交換情形；一種動態的交互作用，在其中粒子產生與毀滅，在能量連續的變化中永無盡期。粒子交互作用生出安定的結構，乃創造物質世界，此世界並未保持靜態，却在諧和的韻律中振動，整個世界在無休止的運動及活動中；在能量之連續的宇宙舞蹈中。

此種舞蹈包括形形色色的式樣，但是很奇怪的只歸納為少數不同的類屬。故研究次原子粒子及其相互關係顯露很多的等級。一切原子，以及我們環境中一切物質之形式，均只組成三種重粒子：質子、中子，以及電子。第四種粒子，光子，則無質量且為單位電磁輻射。質子、電子以及光子均為安定的粒子，意卽永遠生存下去，除非在一碰撞程序中才可能毀滅。另一方面，中子，能自動的蛻變。這種蛻變稱為「β蛻變」(beta decay)，且為某型放射性之基本反應。乃是中子轉變為一質子，同時伴生一個電子及一個新型無質量的粒子稱為「微中子」(neutrino)。像質子及電子一樣，微中子也是安定的。以布臘字母ν代表之，β蛻變程序之方程式如下：

$$n \longrightarrow p + e^{-} + \nu$$

在一放射性物質原子中，中子轉變為質子乃轉變此等原子為一種完全不同的原子。在此程序中產生的電子射出，為一强力的輻射，可廣泛應用於生物學、醫學以及工業中。另一方面，微中子雖以等數量放出，但極難測出，因其既無質量又無電荷也。❹

所有此等粒子可在碰撞程序中產生與毀滅；每一種也能交換如一實質之粒子，故在其他粒子間貢獻給交互作用中。這彷彿是衆多不同粒子交互作用中之結果，幸虧，雖然我們也不知為什麼原故，所有此等交互作用好像可歸屬在四大類中，均以明顯的不同交互作用强行分別之為：

强交互作用
電磁互作用
弱交互作用

引力交互作用

其中，電磁的及引力的交互作用是最習知的，因在大尺標世界中已有實驗，所有粒子間引力的交互作用是很弱的，以致不能實驗的偵測出來。但在巨觀世界中大量粒子造成巨大物體組成引力交互作用，而產生重力，在宇宙中成為優勢的力。電磁的交互作用在所有荷電粒子間發生，對化學程序有關，且構成一切原子及分子的結構。强交互作用在原子核中緊密維繫質子及中子。造成核力，是自然界中一切力中最强的。例如，電子因電磁力與原子核約以十個單位(稱為電子伏特，electron volts)鍵聯，而核力之鍵接質子與中子之力則約為十億單位！

核成子並非强交互作用中唯一的交互作用之粒子。事實上，壓倒性的多數均為强交互作用的粒子。現今所知之一切粒子中，只有五種(及其反粒)未參與强交互作用的。此即光子，及四種「微子」(leptons)列在上表之頂部。所以一切粒子可分為兩大類：微子(lept-ons)及超子(hadrons)或强交互作用粒子。超子更細分為「介子」(mesons)及重子(baryons)，有各種不同的方式，其中之一是所有重子有明顯的反粒子，而介子則只能為其本身之反粒

子。❺

3. 物質是能量

有機的和無機的之間的差別是觀念上的差別，我們進到量子力學就難堅持了，有些事物應付資料的處理，則依我們的定義是有機的，等待着物理學令人驚奇的發現，是量子力學發展中彙集的證據，指陳次原子「粒子」總是顯現能造成決定。不僅如此，這種決定之造成乃基於在他處所做的決定。次原子粒子彷彿「立卽」知道在他處所作的決定，而所謂在他處，可能遠在銀河。❻

如果說宇宙有任何究極的材料，那麼它是純粹的「能量」，但次原子粒子並非由能量造成的，它們就是能量。這就是愛因斯坦在一九〇五年所建立的理論。次原子粒之相互作用，卽能與能之間相互作用。在次原子層次上，「是什麼」與「發生何事」之間，演員與動作之間已不再有明晰的區別。在次原子層次上，舞者與舞同是一個。

照粒子物理學的說法，基本上世界是「正在舞蹈中之能量」，能量是無所不在的，且不斷的時而採取這個形式時而採取那種形式。❼

粒子物理的世界觀是一種沒有「物料」的世界，在此物界內，「什麼是」

=「發生何事」，而且在此物界內，一種無窮的創造，毀滅及轉變是激昂的舞蹈，在一種守恒律及或然率的架構中進行著。❽

物理學家提到一粒子的質量，除非指陳其他方面，否則粒子之質量是在靜止時的。在靜止時，粒子之質量稱為「靜止質量」，任何其他不是靜止時的質量，稱為「相對質量」，既因一粒子之質量隨速度而增大，故一粒子得有任何數值之相對質量。……粒子之質量，無論在靜止或在運動中，均以電子伏特(Electron Volts)計量之。一電子伏特對電有沒有做什麼，一電子伏特是「能量」的一個單位。❾

量子力學的特點，在於標出，世界沒有質料，祇有「能」，「能」常在動。構成物質的次原子粒子，不是物質，而是動力，常在變動，你研究它時，它不一定就存在。你所研究的粒子，是否你所研究的粒子，也是問題。就好比說河水，你腳入河水，河水繼續在流，你想踏的水，已經流過了。

量子力學視次原子粒子為『存在的傾向』或『發生的傾向』，此種傾向多麼強烈，是用機率性表示的。一個次原子粒子是一個「量子」，意即某物之一種量，但什麼是「某物」呢？是一個值得沉思的東西。……在次原子層次上，質量與能量相互不變的變化。⑩

沒有客觀的實相，一切實相都由主觀去觀察，沒有觀察就不會有實相。

新物理學，量子論明白地昭示我們，觀察實相而未改變它是不可能的，如果我們觀察一粒子的撞擊實驗，不但我們沒有方法證明結果是相同的，如果我們沒有盯住它，則我們所知道的一切指陳是不相同的，因為我們所得的結果被我們注視的事實所影響了。⑪

4. 常動

物體的基本素，次原子粒子、常動、物理學家戲稱爲舞蹈

次原子粒子永遠參與這種不停止的舞蹈。事實上，次原子就是這種毀滅與生產的無休止的舞蹈。這是廿世紀的發現，具有其精神的含義，但並非一種新觀念，事實上，它非常類似地球上許多民族，包括印度及佛教，對實相的看法。⑫

次原子粒子並非是落實的次原子粒子。它們是活的蜂窩。例如，一個電

子，恒定地放出及吸收光子。然而此等光子均非發育完全的光子。它們是『看它時它已不見變體。』除非它們不飛離其本身，它們才恰正似真正的光子。它們被電子吸收，而且幾乎立卽又被放出。所以稱之為『虛幻的』光子。⑬

虛幻的光子，縱使是電荷的粒子，在泡沫室也是看不見的，因為它的生命太短促了。其存在是數學的推理。所以這是非常的學說，卽粒子交換其他粒子相互施以一力。⑭

5. 二元素

次原子粒子之第二特性是它有電荷，每個次原子粒子具一正性的，一負性的或一中性的電荷。其電荷決定一粒子如何在其其粒子前之行為，若一粒子具有中性電荷，則它對其他粒子為中性的行為，無視其中粒子有什麼電荷。但具正性及負性電荷的粒子，相互有十分不同的行為，具正的及負的電荷粒子均與符號相反的粒子吸引，而與相同符號者相拒斥。例如：兩個正電荷粒子互相排斥，且立卽儘可能的推出一距離。兩種負電荷粒子情況亦復如此。一負電荷粒子及一正電荷粒子則無阻力相互吸引和立卽儘可能的朝對方接近。⑮

6. 結論

上面所引的兩本物理學書，書中都強調東方印度中國的宗教和哲學，所冥想的宇宙，神秘性非常高，但卻和新物理學有些可以印證。宇宙的動，宇宙的變，宇宙的合一，都是很明顯的這點。對於易經而且說：「易經是一本不可須臾分離的書，道永遠在變易，交互運行從不休止，流動遍六合，升降無定則，毀與成相互轉變，不得繩之以規律，唯變化從事其中。」⑯

附註

❶ 伽勃拉著　潘家寅譯，物理之道，頁一五五，臺灣中華書局。
❷ 同上，頁一五八。
❸ 同上，頁一五九。
❹ 同上，頁一七九。
❺ 同上，頁一八二。
❻ 祖卡夫著　潘家寅譯　物理新詮，頁三八，臺灣中華書局。
❼ 同上，頁一六五。
❽ 同上，頁一六六。
❾ 同上，頁一七四—一七五。
❿ 同上，頁二一七。

⑪ 同上，頁二五。
⑫ 同上，頁一八七。
⑬ 同上，頁一九三。
⑭ 同上，頁一九七。
⑮ 同上，頁一七九。
⑯ 物理之道，頁八五。

第四章　整體的實體

一、實體由力而成

西洋形上學以「有」爲研究對象，由「有」而研究「有」的成份：「質」和「理」，即是「元質」和「元形」。「質」和「理」結成「性」，「性」爲本性，由「性」再和「在」相結合，乃成爲「實體」。這所謂實體是抽象的本體，具體的實體則還有附加體；所以實體爲本體和附加體的結合體。但是普通哲學上講實體，則是抽象的本體，不指具體上的附加體。西洋哲學的講法，是從靜方面予以分析的方法，在抽象方面，由「性」去研究實體，所說的「在」，也是一個抽象的觀念，實體在分析上說，由「性」和「在」相結合而成。可是在實際上，「性」和「在」怎麼能夠結合呢？例如中國朱熹主張物由理和氣相結合而成，一樣的問題也出現，理和氣怎麼能夠結合呢？亞里斯多德認爲應由一個「動力因」使相結合，他便主張宇宙的一切變化都有四個因：質料因，形理因，動力因，目的因，四因中以「動力因」

最重要。但是西洋形上學在講實體之成，卻不講「動力因」，或者就以「在」作爲具體的存在；可是若不以「存在」爲「動力因」之力，「在」是抽象觀念，不能使「性」成爲具體的實體。

我們講實體，不能祇停在抽象上，應該就具體的實體去講。我們認爲構成實體的成份應該是三：質、理、力。質和理，由力而予以結合。力使質和理結成實體，實體因而存在，存在的實體又因內在之力常繼續動。使實體存在又爲內在動之力，就是創生力。「性」由「創生力」而成存在的實體，這個「力」便是「性」的「在」；這個「在」是繼續動的「在」。因此，我們仍舊可以採納士林哲學所講的實體論，實體由：質、理、在(力)而成。

宇宙爲一創生力，由造物主以創造力而造。創生力宇宙有自己的質和理。創生力在宇宙的「質」內，依照自己的「理」常不停動，造成各自變動，化生宇宙萬物。每一物體之成，由宇宙創生力發動宇宙一份「質」的變化，創生力賦予這份「質」的變化應有之理，應有之理由創生力從創造力而得，不是來自宇宙之理，更不是來自宇宙之質。這種變化有質有理又有力，便成一物體。

每一物體，得有宇宙的一份「質」(質料、材料)，得有由創造力賦予之理，又得有創生力之力，成爲一整體之實體。創生力在不停的動而發動宇宙一份「質」起變動，因和創造力密切結合不分乃由創造力給予物性之理；創造力卽是造物主的神力。在造物主方面說，沒有時間，創造行動祇是「一」。在宇宙方面，則有時間，造物主所創造的宇宙，是應常不停變化的宇宙，在時間內進行，創造力便繼續創造，繼續發動和支持宇宙的變化，卽是和創生力常相結合，成爲聖多瑪斯所說「繼續的創造」。

從抽象方面說，實體是由「性」和「在」而成；但是這個實體祇是抽象的本體，實體的附加體，又在本體以外；這是西洋傳統哲學的講法，重點在於「性」。從具體方面說，實體有質、有理、有力，重點在於「力」。力使質和理相連合，又使附加體和本體相結合。附加體的意義，在下面加以說明。

中國哲學講實體祇有朱熹講得詳細，他以理氣二元構成實體，但不講附加體，以實體爲一整體。

二、實體爲存在

士林哲學講論萬有，注重萬有的「本性」，由性去講有，把「在」作成「有」的實現方式。而「性」爲一抽象觀念，萬有便成爲抽象體。抽象體因着「在」而實現，「在」所加於「性」的，是附加體的特質和量。這種「性」和「在」的兩方法，是我們人所作的。聖多瑪斯堅持這種分法，以解釋萬有的相對性和受造性，宇宙萬有都是受造的相對之有，不能是絕對的有。史哥特不接受這種分法，以相對性和受造性來自萬有的「在」。

萬有能稱爲「有」，必定該是「在」，沒有「在」的「有」，便是「無」。「在」是實際的，是具體的，是本體。士林哲學以「性」和「在」結成本體，「性」限制「在」，使本體歸於一類，「在」又限制「性」，使本體成爲具體的單體。這種思想和朱熹的理氣論相似，朱熹以理限制氣，使有人物之分，以氣限制理，使人和人彼此不同。但是張載和王船山則以爲理在氣中，氣所以成「此物」，就是氣有「此理」，不是氣「因」「此理」，乃是氣「有」「此理」。

萬有的實體是「在」、「在」有「性」。一講實體，就是講「在」，「在」是具體在，實體是具體的。具體的在，具有物質性的附加體；物質物不能進入心靈（靈魂），心靈理智對於實體乃祇有抽象的觀念。

然而實體不能分，實體就是具體的單體，單體的附加特質和量，就是實體的構成素；因此朱熹講人性乃有氣質的性。我們講人，人的觀念在我們心中所顯現的不是一個抽象的觀念，而是一個具體的人；若不是一個具體的人，我們就不能懂得「人」是什麼。就如「色」是顏色，我們爲懂得顏色，必須在心靈裏顯現一種具體的顏色。因此沒有形色（即沒有附加特質和量）的本體，爲純精神體，我們便不能認識這種純精神本體。

實體不能分，因爲是一個「在」，「在」不能分析，祇能是「在」或「不在」。既是「在」，祇是一個整體，整體一分就不能存在。人的實體是「我」，「我」是一個整體，「我」有我的一切，取掉一部份，便不是「我」。「我」是實體，實體是「在」；實體是「在」，不能是抽象的普遍的「在」，而是具體的「這個在」，「這個在」則是由「性」所定。「這個在」的實體，不能分析。若分成「性」和「在」；由「性」認識實體，所認識的實體不是實體的本體，祇是人所抽出的普遍性本體。祇是人的性。實體自身在任何環境中也不能分，若「性」和「存」相分，則實體已不有了；若分析附體，實體就不完全，「有」是實體，不是單獨的純觀念；海德格所以以「有」爲「存有」，爲「這個有」。「存有」是實體，在存在上不能分析，在被認識也不能分析；必須常是完全的整體。

柏拉圖曾以觀念爲自立體，存在觀念世界，不是抽象的想念。亞里斯多德肯定觀念世界爲虛構，不能實際存在，乃以觀念爲抽象性。當代西洋有的哲學家企圖突破亞氏的觀念抽象性，直接回到存有本體，柏格森、海德格、懷德海、胡塞爾各從各的出發點，各自構成自己的學說，都些不能達到目的；因爲這種事實本身就是一種奧秘。

三、實體爲複雜的繼續生化體

每一存有實體，都是複雜體。精神實體就構造說，當然是單純的。絕對的自有實體，爲「純淨之行」(actus purus)，沒有任何潛能；但是天主教信仰信天主三位一體，這一本體就不單純了，而且非常複雜，絕不是一個抽象觀念「自有體」所可以代表的。精神體的天使不含物質，也很單純；但是天使按士林哲學的思想說，每一天使爲一類，只有一，沒有多的單體，然而每一天使都是獨立的單體，不能是類的抽象體，他們彼此怎麼分別呢，本體便不是單純的了。至於宇宙萬物都含有物質份子，實體當然不單純。人則又是心物合一，更是非常複雜的了。士林哲學認爲把每種物的物性，從構成的份子中抽出來，構成一共同的觀念，便代表這種物的本體。人的本體是什麼？是「理性的動物」。「理性的動物」這個觀念卻不單純，包含的份子非常複雜。而且這個抽象觀念並不能代表人的實體，祇是代表人本體的抽象意義，人爲懂得這個抽象意義，在心靈上必要顯映一個具體的人。假使一個人又聾又瞎，從來沒有一個具體人的印象，就不能懂得「理性的動物」是什麼？就要從他可以懂的別的具體印象去解釋。抽象觀念是代表具體的整體，沒有整體的印象，就沒有抽象的觀念。因此抽象的本體觀念必要有一具體的實體。

實體是具體的，是複雜的，而且是繼續變化的。中國儒家哲學所以講「有」爲「生生」，即繼續的生化體。宇宙間每一個物體，都常變化。普通一般人都知道生物常在變化，例如人，從出母胎一直到入墓穴，沒有一刻不在變化。但是普通一般人則以無生物不繼續變化，實際上無生物也繼續變，祇是在外面不表現出來。現在物理學講原子和電子，它們是物體的構成素，它們都常不停在動。

從哲學的本體論去講，宇宙萬物的實體都不是自有的，都是受造的。造物主以創造力創造了宇宙，宇宙爲一種創生力。創生力宇宙常在運作，生化萬物。創生力和造物主的創造力常相結合，因爲創生力的力來自創造力。每一物體本來不存在，因着創生力的運作而「存有」，它本體的「存有」靠着創生力而有。這是本體的變化，稱爲生。在創生力的運作，一個實體再不存在時，這種變化稱爲滅。本體的變化，有生有滅。但是一個物體因着創生力的運作而「存有」了，並不能一成就常能「存有」，常是需要創生力的支持；因爲實體的「存有」不是自有的，是從創生力而來，若一傾刻離開創生力，它的「存有」就消失了。創生力因着創造力的神力常流動不息，創生力對一切物體，也就流動不息，不像一個人用手端着杯子，靜靜不動，或是像一張桌子放上杯子，在平靜裏使杯子不掉到地上。創生力對於每個物體好像放映電影或電視的機器，以電力流動地把每張影片繼續放映，電影或電視的故事，繼續進行，若電力一斷，影片就停，故事便停頓了。每個物體就好像放映的影片，影片的放映則像物體的「存有」，影片的繼續放映是靠流動的電力，物體的存在也靠流動的創生力。因此，物體的「存有」，是創生力繼續的創生。

創生力對於每一物體的繼續創生，在兩方面運作：一方面，使實體繼續存有，爲本體的變化；一方面，使實體發展，爲附加體的變化。例如一個人，他的存有是生命。生命繼續，他便存在。生命本身的變化，乃是人本體的變化，即或生或死。一個人生命的發展，則是他各項質和量的變化，身體的發育，智識的增加，乃是人附體的變化。

士林哲學主張本體不能變，本體若變，物體就變了，原有的本體已不存在。但是本體不是單獨的「性」，是「性」和「在」結成的體；既是在，便是具體的「存有」；具體的「存有」，不能呆板靜止，而是繼續變化，士林哲學肯定世界萬物不能自有自存，爲能有爲能存在，都依賴造物主的創造力。聖多瑪斯稱造物主對萬物存有的繼續支持，爲繼續的創造。萬物的實體並不能因着創生力的運作便一成而常自己存在，卻常是繼續被創造，繼續從無到有。繼續從無到有，是本體的變化。本體既有變化，並不消滅；那是創生力繼續不停地運作，好似電影底片，在放映機上，一片一片不停地流轉。本體變化爲生滅的變化，在本體存有時，竟不見生滅變化的形跡，又好似電影底片在放映流轉中，不見一片一片相接的痕跡。這種生滅不顯形跡的變化，就是「生生」的生命。易經稱讚這種生生的變化，神奇莫測，「易(生生)，無思也，無爲也，寂然不動，感而遂通天下之故，非天下之至神，其孰能與於此！」(繫辭上 第十章)柏格森以宇宙爲興盛的繼續流行的生命，王船山以「性日生而命日降」，都認定萬物本體變化不停。

本體的變化，是「在」的變化，卽有無的變化，或生滅的變化，不是「性」的變化；若是「性」變，本體便不是同一本體，整個物體變成另一物體。

物體的變化，都是由「能」而到「成」。「能」是潛能，「成」是實現。(士林哲學稱爲 Potentia, actus)附加體的變化，所有的「能」，在本體以內；所有的成，可以在物體以內，或物體以外。本體的變化，在開始時，成爲存有的「能」，存在另一實體內，例如人出生之「能」，是存在父母體內。一張桌子成爲桌子之「能」，是存在構成桌子的原料內。一棵樹發芽出生之「能」，是存在發芽的種子內。佛教因此說萬物都由因緣結合而成，沒有自體。又說人生的輪迴，有如一點火光，從一支燒滅的蠟燭，點燃另一支蠟燭。佛教的解說，雖不符合哲學的本體思想，但也表示本體的變化，有「能」的複雜思想。

實體既因創生力的運作而存有了，例如人已由母胎出生了，有自己的實體，再繼續有被創造的變化，即繼續「生」，繼續「存有」，它的「能」，應該在自己本體內。因爲它既已「存有」，可以繼續「存有」。創生力在本體內運作，繼續使「能」到「成」。這種繼續的運作，稱爲「行」，稱爲「生命」，有如電影的放映運作，使一個「存有」繼續由自己的能而到成。

四、體和用

西洋傳統哲學在討論本體時，有附加體的問題，附加體是本體在具體上所有的，都稱爲附加體。例如人，爲理性動物；可是人的四肢百體都是附加體；人的靈魂則因爲是人的「形理」，乃是本體，理智和意志則是附加體。又例如一張木桌子，木材是附加體。因此，近代西洋哲學反對這種思想，發生責難，認爲人除了身體四肢百官，還有什麼？木桌子除了木材，還有什麼？所說本體（Substantia），是在內幕支持外面的附體，可是人除了身體，內部有什麼？卽使有，它怎麼支持身體？關於這一點，我想要分析清楚。

我以（Substantia）本體，爲抽象的觀念，含有抽象的「性」和「在」，抽象的本體成爲具體的存在，則稱爲「實體」，也可以稱爲「存有」，即這個具體的有。具體的這個有，爲一整體的實體，它的質料成爲具體的質料，（這個人的具體質料是身體）具體質料是實體的本體，不能稱爲附加體。所以這個人的身體，不可以說是這個人的附加體。具體的這個有，即是存在，即是實體，就是這個人。他的存有，爲活而常動的存有，因他的存有爲常動的創生力。存有是創生力而動，動的表現和成就，或說果，則是附加體，例如人讀書寫字，這種種動作是附加體。身體常變，變而顏色、肥瘦、高矮，這些形色也是附加體。所以爲表達這種分析，用中國哲學所用的「體用」術語更恰當。質料具體化而成身體爲「體」，人所有動作和動作附件爲「用」。祇是中國哲學家對「體用」的解釋，多有不同。我用「體用」名詞，就是上面所說的意思。

宇宙萬有都是相對的非自有體，有本體生滅之變，又有附加體之變。附加體之變，乃是實體的「能」逐漸發展，即是生命之動，稱爲本體之用。用對於本體有多方面的意義：第一、「用」，表現本體的發展，使本體的「能」，逐漸成爲現實，本體乃更豐富；即使在物質方面可以因量的消耗而萎縮，在精神方面，常可以增高。第二、「用」，表現本體的性。相對體的性爲一束能，「能」若不表現而成爲現實，則不可爲人所知。「能」成爲現實然後被人所知，人由「能」而認識「性」。所以中國哲學常以體用不分，而且以「用」就是「體」。第三、「用」，表現生命的活動，不表現用的物體，就沒有生命。普通，以動物和植物有「用」，即是有活動，認爲有生命，礦物沒有活動，沒有「用」的表現，便認爲是無生物。但是礦物的本體也有「用」；沒有一件礦物是一成不變的，常是經過長久的時間漸漸變成的，這種變化非常慢，非常久，不常被觀察到。因此，礦物也有本體的「用」，也有生命的活動。第四、「用」和「體」的關係，是由物性發生的。因此，理學家說人的情慾出自人性，若以情慾生來爲惡，人性便是惡。因此，所謂附加體，除動的表現和成效外，不是偶然加在物體的，而是和本體合成一個「存有」，是這個「存有」的構成素，對這個「存有」是不可缺的。通常我們認爲人的四體百肢，是人所不可缺少的，皮膚的顏色，身體的高低和瘦胖，則不是必要的。對於這個「存有」人，身體的顏色、高低、瘦胖，是生活的成效。當然可以隨時變換，在變換中，他仍舊是他，不過，「存有人」就是在這一段時間空間的人，他就有這樣的顏色和身材。因此，附加體就是表示而且限定本體的「存有」。

不過，「用」和「體」雖不能分，「用」不是「體」，也和「體」不相等，「用」是「體」的部份。但是實體的自體，繼續自動，因爲存在是動的存在，例如人的生命，不能稱爲「用」，而是人的實體，卽是人的存在。因此，生命和生命者不能分，然而「生活」不是「生命」，祇是「生命」的表現人們爲認識生命，從生活去認識；這也是中國哲學以「用」就是「體」。

有人要問：我上面所說的和普通士林哲學所說的有什麼不同呢？士林哲學以本體和附加

體對立，本體是「性」和「在」，本體在實際上在「性」和「在」以外所有的，都是附加體。我把本體和實體分開，本體是抽象的，實體是具體的。具體的實體所有的質料，都附於本體，因爲是本體的「質」。具體的實體所有的「自動」，即創生力的變，也就是生命，不是附加體，而是實體的本體，因爲是本體的在，實體的自動的表現和成就，則是附加體。我和中國哲學所講的體用不分，也有不同，中國哲學講體用，意義很籠統，各家的意見不一致。

五、結語

實體是「存有」，「存有」常在動。在絕對自有的「存有」，動是純粹的行，沒有變。在相對的非自有的「存有」，動常是變，由潛能而到成。「存有」的動，或者可以稱爲「化」。是內在的，是本體的；在絕對自有的存有內，自行自化，不增不減；在相對的非自有的存有內，則由創生力因創造力的力而運作，本體內有變，有發育。中國哲學講盡性，講發揚人性。本體內的動，就是生命。絕對自有的「存有」，有純粹的生命，純粹的生命卽純粹之行，行而不動，化而不變；卽不動而行，不變而化，不是我們人所可以懂的。相對非自有的「存有」，則常因內在的動而變化，變化的程度不等，礦物的變化最弱，最低，最慢。外面看來似乎沒有變化，普通以爲是無生物。普通所稱的生物，生命的等級很多。朱熹認爲是「理一而殊」，生命之理所表現的程度由氣的清濁去定，我認爲萬物的分別由「性」和「在」而定，

「性」由「元形」和「元質」而成。「性」由創造力賦予創生力的宇宙，「在」由創生力的運作而來。萬物都有生命，生命來自創生力，生命使「有」成爲存有實體，以存在的根基。在存在上，實體是一整體，包括本體和附加體，附加體在理論上，和實體可以相分離，在實際上，附加體一分離，實體就不是這個實體，所以凡是實體就是整體。

附錄　熊十力　新唯識論　卷中後記

【釋體用】新論綱要，卽體用義。讀者仍多茫然。今更略爲闡述。治哲學者，須於根本處，有正確了解始得。若根本不清，卽便能成一套理論，亦於眞理無干，只是戲論。哲學上的根本問題，就是本體與現象，此在新論，卽名之爲體用。體者，具云本體。用者，作用或功用之省稱。不曰現象而曰用者。現象界，卽是萬有之總名。而所謂萬有，實卽依本體現起之作用，而假立種種名。（天地人物等名）故非離作用，別有實物可名現象界。是以不言現象而言用也。

本體現起作用（亦云體現爲用。或云由體成用）此語須善會。不可妄計體用爲二。哲學家往往誤計本體是脫超於現象界之上，或隱於現象界之背後，而爲現象作根原。此乃根本迷謬。新論談體用，正救此失。

體，是無方所。無形象。而實備萬理。含萬善。具有無限的可能。是一眞無待。故說不易。

用者，言乎本體之流行。狀夫本體之發現。因爲本體是空寂而剛健。（空寂之空，非空無義。以無方所，無迷闇，故名空。寂者寂靜。極虛靈故。無昏擾相故。剛健則力用至大至强至神。）故恆生生不已。（刹那刹那，新新而生，不守其故）化化不停。（刹那刹那，變化密移）卽此生生化化，說爲流行。亦名作用或功用。

尅就體言，是一極絕待。無方無相。（無方所。無形相）

尅就用言，是幻現相狀，宛爾萬殊。（大用流行，有迹象現，如電光之一閃一閃，而似有物事如赤色者現。此赤色，卽是閃動之迹象。亦云相狀。本體之流行，幻現相狀，義亦猶是。旣有相狀，便宛爾成衆多之相。非是一相。故云萬殊。所謂萬有，卽依流行之相，而暇立種種名。）

體，喻如淵深停蓄之大海水。

用，喻如起滅不住之衆漚。

曾航行海洋者，必見大海水，全體現作衆漚。不可以衆漚外別覓大海水。又衆漚、各各以大海水爲其體。（各各二字注意）非離大海水而各有自體。（非字，一氣貫下。）

體與用，本不二，而究有分。雖分，而仍不二。故喩如大海水與衆漚。大海水，全成衆漚。非一一漚各別有自體。（漚之體卽是大海水故。）故衆漚，與大海水，本不二。（宗敎家說上帝造世界，而以上帝爲超越於世界之上，卽能造與所造爲二。哲學家談實體與現象，往往有說成二界之嫌。其失亦同宗敎。）然雖不二，而有一一漚相可說。故衆漚與大海水，畢竟有分。體與用，本不二，而究有分，義亦猶是。漚相，雖宛爾萬殊，而一一漚。皆攬大海水爲體故。故衆漚與大海水，仍自不二。體與用，雖分，而仍不二，義亦猶是。體用義，至難言。如上舉大海水與衆漚喩，最爲方便。學者由此喩，應可悟入。哲學家或只承認有現前變動不居的萬象，爲互相聯繫之完整體，卽計此爲實在。如此計者，實只知有現象界，而不承認現象之有其本體。是猶童稚臨洋岸，只見衆漚，而不知有大海水。

或雖計有本體，而不免誤將本體，說爲超脫乎現象界之上，或隱於現象界之後，致有二重世界之嫌。其於體用之本不二而究有分，雖分而仍不二者，從來哲學家於此終無正解，此新論所由作。

已說體用。再剋就用言之。則用，非單純的動勢，必有兩方面，曰翕曰闢。（翕闢只是方面之異。自不可看作截然二片的物事。）闢乃謂神。（神卽心）翕便成物。（現似物質，而非果有實質。）物有分限。神無分限。（心是無在無不在。華嚴經七處徵心，十番顯見，形容得甚妙。）神遍運乎物而爲之主。此理之常，物亦可以乘勢而蔽其神。此事之變。（物成，卽不能無墜退之勢。無機物猶不得發現心神。植物似已發現心神，而仍不顯著。乃至人類猶常有心為形役之患。物能障蔽心神，乃後天事勢所有。不容否認。但神終為物之主，可以轉物而不為物轉。究是正常之理。）然神畢竟主乎物。（宇宙自無機物，而有機物。有機物，由植物而動物，而高等動物，而人類，乃至人類中之聖哲，一層一層，見心神逐漸顯著甚大。確爾官天地。宰萬物。）而事勢終亦不越乎常理矣。自新論問世以來，讀者每不尋其底蘊與條貫輒爲不相干之攻難。故復撮要言之。

【釋體常義】本體眞常。老子言常道。（道者，本體之目。常者真常。）佛氏言眞如。（佛說真如，亦本體之目。真謂真實。如者，常如其性，不變易故。論與疏皆云，真即是如，言真實即不變易，不變易者言其常也。）西洋哲學，其否認本體，與夫以動變言本體者，可勿論。若其以眞常言本體者，亦與東哲眞常意義，有相通處，至其陳述所見，有仁、智、淺、深、等等不齊，其思想各成體系，則吾大易所謂一致而百慮也。（本體真常，是一致處，面向下所見各不同，是有虛處。）余於眞常意義，體究數十年，若道本體不是眞常的，則虛妄法，何得爲萬化根源，何以名爲本體。若道本體底自體，是眞常的，卻又當深究。須知，一言乎本體，他便不是空無的，故有其自體可說。但此眞常之云，既以不生不滅，不變不動爲義。則此本體，便是兀然堅凝的物事。他與生滅變動的宇宙，互相對立。如何可說爲宇宙本體。吾於此，苦究數十年，直至年將半百，而後敢毅然宣布新論。以體用不二立言者，蓋深深見到、信到，不能把本體底自體，看做是箇恆常的物事。而恆常者，言其德也。吾取一譬。如易之坤卦，以地方爲言。後人遂謂易言，地之自體，是方的。此實錯誤。方者，言地德也。方故，承乾而無邪曲，此地德之所爲美也。（吾讀經示要已解明。）以此例知、曰眞、曰常、皆從本體之德，以彰之也。

第五章　主體——我

一、人——心物的關係

人是造物主天主按照自己的理念而造成的，這表示人在宇宙萬物中有特殊的意義，和宇宙萬物有不相同的特徵。因此，中西哲學都承認人爲萬物中最優秀的，而且可以代表宇宙萬物。

在中國哲學裏，禮記以爲人得天地的秀氣，爲萬物之靈。朱熹以爲人得天地之理之全，物得天地之理之偏。而人的特點，則在於心靈。孟子論人，說人有小體有大體，小體爲耳目之官，大體爲心思之官，心思之官是人所以成爲人的理由。人因有心思之官，可以認識萬物，可以愛或恨萬物，尤其可以自由選擇。因着人，宇宙萬物才充滿意義，也富有感情。造物主把宇宙萬物隸屬於人，供人使用，屬人管轄。所以聖保祿宗徒以人的罪，使萬物也屬於罪，人得救，萬物也得救。

人的特徵，在於心靈，然而人的整體，一個整體的人，是心靈和身體結合而成的實體，所以說是心物合一體。對於心靈和身體的關係，哲學家有多種不同的意見。唯物論主張心靈爲最輕微的物質，和身體的性質相同，兩者不成二元，而是一元，沒有所謂連結的關係。但是普通中西的傳統哲學思想則承認靈魂爲精神體，身體爲物質體，兩者中間存着連結的關係問題。希臘柏拉圖主張心靈或稱靈魂先天存在理念世界，和身體結合而成人，身體乃是靈魂的牢獄；這種思想成爲柏拉圖學派的思想。希臘亞里斯多德和中古的聖多瑪斯主張靈魂爲理型（Forma），身體爲質料（Materia），共爲人的二元成素；這種思種成爲士林哲學的思想。由這種思想產生「身體爲工具」的思想，靈魂運用身體作活動的工具。中國朱熹則主張心靈爲清氣所成，身體的氣則濁，所以分爲魂魄，爲人的上下兩部份，似乎和唯物論的主張相同，但是朱熹和儒家學者都承認清氣爲虛靈，爲非物質的精神。然而當代儒學者和漢朝王充一樣，不承認心靈爲精神，因爲心靈的活動，都由身體，即是頭部的神經而成。西洋當代哲學思想，也有否認靈魂爲精神體的傾向，不再沿用傳統的「靈魂」名詞，而用「理智」(Mind) 名詞。

爲解釋靈魂和身體的關係，不能否認二元，而單用一元。一元爲氣，氣在人內爲何分清濁兩部份？一元爲物質，物質爲何在人內有輕清和重濁的分別，兩部的關係若何？靈魂和身體爲兩種不同的元素，靈魂爲精神體，身體爲物質體，兩者性質不相同，而且又不是自立的實體。這兩者不同性質的成素，在「存在」上合而爲一，成爲一個自立的實體。人的「存在」爲生命，靈魂和身體在人的生命上，合而爲一。人的生命，乃是心物合一的生命。

人的身體和靈魂，爲人生命的兩種成素；成素的意義和普通所說一物的成素，意義不完全相同。普通所說的成素，是沒有本身完成型態的物質，靈魂和身體則已有自己完成的型態，身體有完整的型態，靈魂也有完整的精神型態。而且靈魂還是可以獨立存在的型態，離開身體後就獨立存在了。這兩項具有自己完全型態的元素，合成一個心物合一的人。

人的心物合一，不是兩分的型態，而是合一的型態；不是靈魂運用身體，而是兩者同一活動。因爲靈魂和身體在生命上相結合，合成一個生命；人的生命乃是心物合一的生命。一個人的生命活動，必定是靈魂和身體共同的活動，沒有一項單獨身體的活動，也沒有一項單獨靈魂的活動。在本體論方面，人常是人，醒着有意識時是人，睡覺沒有意識時也是人。有意識的活動，是靈魂和身體的活動；沒有意識的活動，也是靈魂和身體的活動，不能說在人以內有生魂、有覺魂、有靈魂，人的魂祇有一個，就是靈魂。人的生命也祇有一個，不能說生理生命，不是人的生命。至於有意識沒有意識，那不是在本體上的分別，而是在「用」上的分別。一個植物人，仍舊是人，他的活動仍舊是靈魂的活動。

靈魂和身體的結合，結合在「存在」(Existance)上，「存在」在一個實體內是唯一的，不可分立。存在是動的在，是生命。生命也是唯一整體，不可分。

因此，人爲思索，要用腦筋；不是靈魂運用腦筋，而是人的思索必定是心物合一的動作，同樣感覺活動，要和靈魂相合。就是生理活動，也是身體和靈魂的共同活動。關於這一點，大家可能不願意認同，因爲大家習慣了說生理活動是不經過靈魂；然而生理活動乃是生命的重要的活動，否則人就不能活。人的生命則祇有一個，不能分割，靈魂便祇有一個。不能分割，一切活動都是生命的活動，也都是靈魂和身體的活動。

因此，便不能因爲理智活動要用神經，便說靈魂是物質。人的活動必定是心物合一的活動，也並不妨碍靈魂的精神性。❶

二、靈魂的來源和永生

靈魂的來源，學者各有主張：或說來自父母的肉體，先形成胚胎的肉體，後來發展爲靈魂；或者簡單地說來自父母的遺傳，靈魂並非精神體；或說靈魂先已存在於理念世界，然後與肉體相結合；或者說由造物主所造。

靈魂由造物主所造，「但既非只在嬰兒受生之初維持其父母的因果關係，因爲祂藉所謂神的意旨以延續一切有限的因果關係；亦非不藉雙親直接的共同合作，從無中創生靈魂，而是使嬰兒的父母超越其力量來產生嬰兒的力量。就此而言，人的靈魂以及宇宙每一新的實體都是被創造的。」❷因爲新的實體的出現，是產生這實體的『自身超越』和『存有的增加』，這種增加必源自造物主。

靈魂何時被創造？董瑟（Doncel）認爲「我們不得而知。但只能確定在懷孕與嬰兒形成其最初理智活動之間的時段。人只能透過靈魂的活動來認識靈魂。……士林哲學大師多瑪斯，以及人數漸增的現代哲學家均以爲只有在有機體的反省活動，特別是大腦活動能有所表現時，靈魂才能顯現出來。這種情形有時在懷孕三個月時，就有徵候。……祇有在人的胚胎形成並發展出主要的器官——大腦與四肢時，才能構成人體與人心。此即間接靈化理論。時至今日直接靈化理論多爲一般人所接受。這種理論以爲只要卵細胞受精，胚胎具有常人四十六個染色體的正常容量，即可構成肉體，具備靈魂而成爲人。根據這個理論，當懷孕時，靈魂已被嵌入了。」❸

關於這兩個問題，我的主張很簡單；靈魂來自創生力，是在卵和精相結合而受孕的一刻。

宇宙每一物的化生，都是前一物的自身超越和存有的增加。當一物由自身的質料預備化生另一物時，創生力由創造力（造物主的神力）賦予型態（性理），使相結合而存在，成一新的存有物。創生力爲造物主的繼續創造，由造物主的創造力取得爲化生萬物所該有的一切。創生力使父母的精子和卵相結合，同時賦予這種結合的型態（性理），即具體人性，這種結合物乃是人。人的性理型態祇是一，又不能隨時變性，精子和卵相結合而受孕時，是人的受孕，不能受孕時是植物性，等到三個月或多幾個月後，胚胎具有人的器官，才變成人的性。「就聖多瑪斯的觀點而言，人的胚胎最初只有植物的生命，在母體子宮內自發的成長，然後才轉爲有知覺的或動物的生命，只有在具備人體基本器官之後，靈魂才存在。在母體子宮內經過眞正的『演化』之後而出現的靈魂，實爲父母與創造者——上帝共同合作所獲得的結果。」[4]這種思想的根基，是以「用」來作生命的根基，生理生命，感覺生命，理智生命，都由器官來決定，有了相應的器官，才有相應的生命。同時也就出現人有生理魂、感覺魂和靈魂的主張。可是『生命』就是存在，人的生命就是人的存在，人一刻沒有生命，人就不存在了。生命既是存在，存在只是一個，雖然常在動，也在變，然而不能由一種類而變成另一種類，因爲存在的型態性理(Forma)不能變，常是一種。父母的精子和卵相結合而受孕的胚胞，所受型態性理是人的型態性理，不能夠最初是植物的型態性理，後變成動物的型態性理，最後才變成人的型態性理。在一物體內型態性理的『演化』是不可能的。型態性理在一物體內不能演化，這個物體的存在雖是活動，可以變動，但不能演化，它的活生命也不能演化。母胎子宮中的胚胎不能最初是植物，然後變成動物，最後變成人。

生命由器官的活動而表現，但不能因表現而決定才存在。先有『存在』，然後有表現。也不能因爲沒有器官，絕對不能表現人的生活，人的靈魂便不存在。存在是本體的存在，用是本體的用，本體可以先存在，而後有用，用和存在不能相合爲一。

一個人祇有一個生命，一開始活就是人的生命；人的生命由型態性理而定；一個人的生命所有型態性理就是人的型態性理。人的型態性理是靈魂，所以胚胎在母親的子宮內一受孕就有靈魂。不是靈魂『嵌入』胚胎內，而是胚胎因着靈魂才存在，現在天主教會禁止墮胎，放棄討論幾個月的胚胎可以墮的問題，主張胚胎一受孕，就禁止墮胎。董瑟認爲這種主張有問題，因爲同一卵能有雙生子，同一卵的雙生子，「是在懷孕不久，由同一受精卵分裂所造成的。根據直接靈化理論，卵子與精子一結合就成爲人，後來被分成兩個相同的一半，然後再成爲兩個人，這是形上學的不可能。」❺

不過，同一個胚胎，由植物變成動物，由動物再變成人，才眞眞是形上學的不可能！而且就是按照他們的間接靈化理論，胚胎原先是一個植物或一個動物，怎麼變成了兩個人？若是雙生子的有些器官只有一個，那麼兩個人的靈魂就不全了，因爲他們主張沒有器官就沒有靈魂。

實際上同卵雙生子應該是同一卵受精的胚胎，就有雙生子不同的「存在」——即不同的生命，祇是沒有表現出來，精子和卵祇是質料，有了靈魂才能受孕爲活物。一個卵供給一個或兩個靈魂的質料，在形上學上並不是不可能。

靈魂爲人的型態性理，肉體爲質料，兩者都不祇是抽象觀念，而是實際體，靈魂是精神體，肉體是物質體。兩者在「存在」上合一，而成一心物合一體，具有心物合一的「存在」

——心物合一的生命。

靈魂爲精神體，能有認識，能有感情，能有自由，爲人生命的根源。因爲靈魂是活的，是人的創生力，整體地在身體整體以內，又整體地在身體的每一部份內。身體的某一部份，若沒有生命，就沒有靈魂，或說若沒有靈魂，就沒有生命。但這不是從「用」方面說，不是因爲某一部份不適於生命的活動，便沒有生命，而是因爲沒有靈魂，和整體的「存在」相脫離，乃沒有生命。

靈魂是精神體，精神體是不滅的，不能摧毀自己，也不能被外物所毀滅；唯一可以毀滅靈魂的，是造物主。但是從造物主天主所啓示的，天主不毀滅人的靈魂。

可是在哲學上問題並不這樣簡單。靈魂和身體結合在『存在』上，卽是結合在同一生命上。這同一的生命因着死亡而消失了，肉體不存在了，卽人死後，屍體已經不是人的身體，已經沒有生命，靈魂怎麼可以存在呢？是不是人的存在，本是靈魂的存在，肉身祇是附加在靈魂上呢？這一點不合理，原來柏拉圖的靈魂先天存在論就是這樣，可是身體不是附合物，乃是人本體的質料。靈魂和身體共有同一的存在，同一的生命，構成一個主體，存在是主體的，生命也是主體的，主體消失了，存在和生命也消失，靈魂怎麼生存而生活？而且以器官活動作爲靈魂存在的根基的學者，認爲屍體沒有任何活動，靈魂怎麼生存？

靈魂和身體結合在一『存在』上，成爲心物合一的生命，『存在』爲兩者共有的『存在』，生命爲兩者共同的生命。靈魂不變也不分裂，身體則變也可以分裂；若一個肢體枯乾沒有生命，便和『存在』分裂。人死時，整體身體不適合生命，便脫離『存在』，靈魂則適於生命，不脫離『存在』，便繼續『存在』而生活。單獨靈魂的生命，不是人的生命，祇是靈魂的生命，等到肉身復活，再結合靈魂的『存在』，恢復人的生命；不過，那時的身體已經不是物質性，而是非物質性的，那時人的生命不再是「心物合一」而是精神性的生命。

三、主體的認知

靈魂和身體結合成一個心物合一體，這個合一體就是一個人，一個人是他的生命的主體，也是他的一切活動的主體。並且還是他的身體和靈魂的主人。主人和主體，字面的意義雖不相同，主人表示擁有，主體表示操作；但是在實際上則意義同一，都表示這個人是他所有的一切關係的基本。

一個人是主體，是『我』，主體應該是實體，實體的根基爲「存在」，主體的根基便是『存在』，存在是動的存在，是生命。主體爲實體，乃是一個自立存在的個體，爲一『位格』；一個人便是一個『位格』。

『位格』的涵義非常充實，是一個整個的實體「我」，「我」所有的一切都包括在『位格』裏，所有的動作也都歸屬於『位格』。

主體是自立的實體，自立的實體是自主的『存在』；假使不存在，就沒有自立的實體。因此，一說『主體』，就是說『存在』。這一個人『在』、『活着』，便有這個人。我說：「這個人」，就是說這個人『在』、『活着』。假使這個人死了，不在了，我就不能說「這個人」；若是我還說，我所說的也沒有意思。

主體因爲『存在』，他的一切才有意義。『我』活着，我的一切才有意義；我若死了，不在了，我的一切就沒有意義，而且也都不在了。

主體的存在，所以不要有證明，因爲我自己就是存在。我在實際上是個活人，不必要證明我是活人。若是我不活，已經不是這個人。

我們中國的哲學，從來沒有要求證明主體——『我』的存在。我、你、他，就是存在，就是生命；若不存在，不生活，就沒有我、你、他。這一點用不着證明，也不能證明。西洋哲學以追求眞理爲目的，眞理爲理智的對象，凡是人所講的，都要透過認識；凡不爲人所認識的，或不能爲人所認識的，便不存在。因此，有些哲學家便主張凡是合理的，就必存在。

主體——我，要證明自己的存在，要透過自己的認識，成爲『被認識』。我認識我自己，出現兩個我；一個是認識者的我，一個是被認識的我。於是西洋哲學認識論的主體和客體間的鴻溝問題又出來了，我怎麼可以認識我？

笛卡爾說『我思則我存』；從經驗說，這種證明是對的。可是從認識論說，我思和我存有什麼關係？中間要有一個大前提，『凡是作思想的就必存在』。這個大前提大家都接受。可是小前提『我作思想』，怎麼證明？只能說「我說話時，當然是在想」，然而怎麼證明『我說話』，祇能說，我說話就是在說話，不要證明。等於說「我在，就在，要什麼證明」。

胡塞爾用現象學方法，把一切有關於主體的觀念或經驗，都『存而不論』，直接回到物的本身——主體。現象學派的學者運用這種方法，以認識主體——我。「除非眞正了解，我們應該更深一層探索下去，直至找到深入內部的探索者爲止，亦即必須更深入地探求根本的認知和意願之行爲：即我希望了解我內在的認知者。我們試圖由認知和意願的行爲，更好說是判斷和意願的行爲，使我和我自己結合，來展現純粹主體。當然在同一行爲中，我也能和存有相合。所以，我已探求到根植於存有的基本深度。」❻

董瑟說上帝認識自己，沒有主體和客體的區分，「而是主體清晰的自現和自覺，它是在完整的和不能分割的純粹實現中，徹底地認知及被認知。」❼人不能有這種認識，但是在判斷和意願中，人和自己結合了。「就某種程度而言，純粹自我是內在的知覺、感受、想像、記憶，解決問題的活動者。明確地說，人是身內的肯定和意願的活動者。……這些活動的認知和意願，不再是類似客觀的，而是主體的，開創的自我在運作了。」❽

但是，由認知和意願去認知主體——我，雖說認知和意願都和我相合，仍舊不能完全避免認知者意願者和認知及意願的主客關係。我們必須突破以認知去認知主體，避免以認知去證明主體，仍舊是以自己去證明自己。主體是活的存在，是生命。活的存在，自己呈現自己。我活着，就呈現我。至於我判斷，我願意，乃是我呈現我的形式。而且我是心物合一的存在——生命，感覺的活動也呈現我。至於說意識，為自我的呈現，當然是對的；然而意識也只是一種最直接的呈現方式，不能說意識就是我，沒有意識就沒有我。

中國哲學很注重『明』、『通』、『一』，以主體——我，自己是明的，好比一尊水晶像全體是透明的，不能比做燭光，只能照明別的物體，不能照明自己。我自己主體透明，我直接看見我主體，通而為一。這種情況，凡是精神體都是這樣。人的靈魂為精神體，所以是明、通、一。祇是「我」為心物合一體，身體是物質，自身不透明，靈魂的透明要經過身體而呈現，但是身體並不完全是物質，不完全擋住心靈的光明，人可以認識外物，人心靈主體也便可以呈現給自己。這種呈現不僅是在反省意識中，小孩沒有反省意識，也天然知道自己實實是『存在』，自己是自己。小孩要東西時，說：『我要某東西』，小孩雖然不明瞭『我』，但是他懂得『我就是我』。

主體的存在和主體的內容，在精神體，完全是一，主體一呈現，全部內容也同時呈現。在心物合一體，則主體呈現自己，內容不完全呈現，因為心物合一體為認知，須有身體的合作，身體是物質，我主體的內容便不能完全呈現。莊子所以便講隳形骸，修心齋，以自身之氣和物之氣相通，就有大知；理智用腦筋之知為小知。然而這種氣知是不可能的，人只能透過理智去認識外物，也去認識自己主體。人透過心物合一的活動呈現主體，這種呈現有些在身體外面，有的在身體以內，人對自己的認識有些很親切，似乎是直觀；例如自心的喜怒哀樂，自心的判斷。有的是間接的，自己身體的外貌，自己的才能。中國哲學以每個人的『性』，即是人性，本身透明。人性的內容爲活動的規律，聖人們沒有私慾，「人性」天然呈現，聖人便常行善，這是中庸的第二十章所說：「誠者，天之道也。誠者，不勉而中，不思而得，從容中道，聖人也。」一般的人，心有私慾，人性不能天然完全呈現，所以要克慾，中庸同一章說：「誠之者，人之道也，……誠之者，擇善而固執之者也。」儒家所講主體呈現，爲人性的呈現，人性爲人生活之理。陸象山乃說『心外無理』。但是主體——我，所有，不僅是理，還有他的個性和才能等附體，這些不能由心去完全呈現。佛家的禪觀，人「明心見性」：明心，爲心能虛空世界一切，見性，爲見到自己的實性。性爲眞如，眞如爲萬有本體。這種眞如呈現的禪觀。在『心物合一』的主體內，不能實現；如要實現，也祇能有陸象山所說的『理的呈現』。

主體的認知，在存在上，主體直接呈現，不用反省，不用證明。在內容方面，由主體通過心物合一的呈現而被認知。主體自體是透明的，透明爲精神體的特性。孟子說人的大體爲心靈，心靈是精神性；然而心靈或靈魂不是人的整個主體，心的主體還有身體。因此人主體的自體透明，是經過身體的透明。身體呈現主體的活動，有高低的程度，生理活動，呈現主體的內容很小；感覺活動，呈現主體的內容較多；感情活動，則呈現很多；理智的活動則呈現最多。在認知主體的認識中，不能分主體和客體；因爲主體的呈現是心物合一的呈現，主體的呈現也就是主體的認知。呈現和認知爲同一主體，在同一的「存在」上，爲同一的生命。我主體的呈現，就是我主體對自己的認知，呈現就是認知，沒有主客的分別。若主體爲精神體，精神體自體透明，自體透明就自體呈現，就自己認知。若主體爲心物合一體，主體的呈現爲心物合一的呈現，主體對自己的認知也爲心物合一的認知，呈現和認知也同而爲一。主體對外物的認知，是外物對我的呈現，所以有主客的分別。

四、我——三我

主體是我，我是位格，位格包括人性，個性，自立的存在，附加體。位格就是這個實際自立存在的個體，就是一個具體的人。具體的人是我，我便是具體的存在，也可以說是『存有』——一個具體存在的有。我的具體存在，爲動的存在，爲生命，我乃是一個具體的生命。

一個具體的生命，爲具體的存在，具體的存在便是我。我從本體上說是具體存在，是生命，這是「本體的我」。從形上本體方面說：我既是具體的存在，我的存在自然呈現。我就是存在，不存在就沒有我。這不須證明，而且不能證明。

我——主體，一個整體，包括許多複雜構成份子，即主體的內容，我主體的內容爲心物合一性，主體內容的呈現也是心物合一的呈現，心物合一的呈現所呈現的我，不是整體的我，這個我，乃是呈現的我。這個呈現的我，爲我在世的各種關係的基礎，所以可稱爲「在世的我」，「在世的我」也就是我在世的生命。我離開世界，身體脫離生命，我就不是心物合一體，只有心靈的生命，心靈自體透明，心靈呈現的我乃是心靈的整體內容，是「來世的我」，而不是「在世的我」了。在現世的生命中，我由心物呈現的我而認知我，這個認知的我，由呈現的我而到本體的我，普通說是「反省意識」，又說「反省意識」爲我的主體，因爲我知道我是自己的行動的主人。我認爲我主體由心物合一而呈現，就是認知，認知和呈現沒有主客的分別；反省則表示主客的分別，所以不可以用「反省意識」去解釋對主體的認知，更不宜以「反省意識」作我的主體。我在世生活時，我是心物合一的主體，主體由心物合一而呈現，我在呈現中。認知我主體，所知認知，是一個傾向無窮的我，從世界的關係中，沒有一件可以得到滿足，常向前追求，對於物質的事物，是這樣，對於精神的福利所謂眞美善，更是向無限追求。道家莊子，乃講避世的「心齋」生活，佛家乃講出世入涅槃的常樂我淨生活，儒家雖講入世生活，但也追求「與天地合其德」的生活。實際上這種追求是追求來世，因爲今世沒有可能實現所追求的目的；因此由呈現而認知的我，是『求來世的我』。

『本體的我』，是我實際的存在，是我的生命，我存在，我就是生命，我就活着。

『在世的我』，是心物所呈現的我，就是我在世的生活。在我自己方面說，我各方面的生活，都是呈現我自己。我各方面的生活，都是我的生活，表現我的『位格』。我的生理生活，依照我身體的結構而生活，和別人的生理生活不同。雖然凡是人，生理生活的基本點相同，但是整體的生理生活各不相同。感覺生活也是一樣，各人依照各人的感官而生活。感情的生活則特別表現個性，很明顯地呈現我的「位格」。理智生活表現心物合一的我，表現我是主體。

我，不是單獨的存在，是和宇宙間的萬物一同存在，存在是活的生命，便彼此發生關係。我由心物所呈現的我，乃是在世的各種關係的主體。我對於外物的關係，或是被動，或是主動，都由「心物所呈現的我」，卽「在世的我」作主，同時也予以限定。我對外物的知識，對外物的感情，在感覺上對外物的感觸，連在生理上對外物的接納（消化），都由「在世的我」去作主。我在世的生活，由我的「在世的我」而限定。

「求來世的我」，在現世的生活中，就橫的方面說，追求懷有宇宙的一切，而且還不以爲足。孟子講「浩然之氣」，塞於天地之間。張載講「大心」，將天地萬物都包在心內。莊子書裏充滿這種精神，佛家的華嚴宗和天台宗的「觀」，以一入一切，一切入一，一切入一切。在縱的方面，人向時間追求永恒，道教乃有仙人，佛教乃有涅槃，有極樂世界，天主教乃有身後的永生。儒家雖不講來生，但在現生追求「盡性」，中庸第二十二章講盡性以參天地之化育。

我的存在爲活的存在，是生命。生命本體是無限，不是現有的無限，而是向無限的追求。在現世的生活裏，我的生命所得的是有限，心靈便常感到不滿，常感到苦悶，常感到缺憾。因爲我是心物合一體，在現世生活中所能接觸的祇是物質體和心物合一體，這一切是有限的，不能和精神體直接相接觸，祇有在去世以後，靈魂獨自存在，又在最後身體復活後，我已經是非物質的精神體，才能和絕對的實體——造物主天主直接相接觸，我才能得到滿足，才眞是幸福的我。

「求來生的我」，隱而不現。「本體的我」天然呈現，不用證明。「在世的我」，由心物合一而呈現，同時就是心物合一的認知。我所認知的我，也就是這個我。通常所說的我，所說的位格，就是「在世的我」。「求來生的我」，不呈現於外，卻呈現在我們內心，乃是我切身的感受。我對外物不滿足，對我自己也不滿足，總想現在的我不是眞正的我，而是未來的我，所以常以理想的我，作爲眞我。「理想的我」卻常沒有達到實現的一刻，常是一種追求。卽使達到了所預想的我；在達到時又不以爲滿足，而多有在前面的理想。所以在現世，我無法以理想的我爲止境，而是一種無限的追求。然而「求來世的我」隱在心內，不能認知清楚，無法明白予以描寫。普通常說，自我的認知是神秘的，沒有辦法去講。這種自我認知的神秘，常是關連到「求來世的我」。

附註

❶ J. F. Doncel S. J. 著，哲學人類學，劉貴傑譯，巨流圖書公司，頁四二四。

靈魂與肉體的關係，列舉六種思想：

1.肉體與靈魂是兩個完整的實體，具互相影響。（交感主義）

2.肉體與靈魂是兩個完整的實體，但互不影響。（心物平行論）

3.肉體與靈魂只是基本整體之兩面。（泛心靈主義）

4.唯肉體是實體，所謂靈魂，祇是心理現象的積聚而已。（現實主義或現象主義）

5.靈魂是個實體，但無法藉推理加以證明。（不可知論）

6.只有人才是完整的實體，靈魂是不完整的實體。因爲有靈魂，肉體才成爲肉體。（型質論）

❷ 同上，頁四四一。

❸ 同上，頁四四二。

❹ 同上，頁四四三。

❺ 同上，頁四四四。

❻ 同上，頁四一。

❼ 同上，頁三九。

❽ 同上，頁四四。

第六章　合一的宇宙

一、生態學的合一宇宙

物理學進行到量子力學，測驗到宇宙的合一，「宇宙之根本的『合一』，不僅是神秘體驗之中心特徵，而且也是現代物理學最重要的啓示。這已在原子的層次出現，而且愈來愈顯露出物質深處的奧秘，深入『次原子粒子』的領域，萬物之統一將再復現，貫徹現代物理學與東方哲學之比較中。」❶物理學家又認爲宇宙如同一架蛛絲網，各部互相連貫，網中是力的變化，都相牽連。

「研究把每種生物與物理的及化學的環境相關接的那些關係及過程的科學就是生態學(Eclogy)，它是這個星球的管家科學，因爲我們可以這樣說，環境是生物爲生物所建造的家。這是一門新興的科學，它所能告訴我們的，不過是從地球上生命的網狀結構中所知道的小部份而已。」❷

從所研究的事物，生態學提出三項法則：

生態第一法則：「物物相關」。這項法則指出地球上的物體彼此間有相連的關係，這種關係好像一幅網，物體互相連繫著。一種生物依靠另一種生物而生存；這另一種生物又靠前面的第一種生物而生存，彼此互相保持平衡，例如海藻的生態環境：水中有魚，魚排洩廢物，廢物腐化細菌，細菌供養藻類，藻類供養魚。若是一旦藻類因天氣酷熱而繁盛，吸盡了廢物細菌，兩者間失去平衡；可是魚因藻盛而多能食，藻類減少，魚所排洩廢物增多，又可恢復平衡。又如土因植物及動物所排洩廢物而成廢植土，廢植土爲多孔的海綿形，供給植物根含收土中硝酸鹽養料，又供給植物根所需要氧氣。廢植土越好，越促進植物的生長，植物茂盛則排洩的廢物多，又添加腐植土的含量。

這些平衡的循環作用，在自然環境中自然地進行，若因外來的力而破壞其中的一環，生態平衡的循環就要瓦解！這就是目前生態環境因汚染而造成的危機。

在植物和動物中，動物靠植物以爲生，動物大的又靠小的以爲生。這其間的關係並不單純。生態的循環不是週迴的簡單路線，其間有很多岔路相互交叉，互相關結成爲網狀結構。網路結構較能抵抗瓦解的壓力。目前環境危機，是網狀結構被人爲的工作把環節切斷，生態環境簡化了，便臨於瓦解的困境。❸

生態第二法則：「物有所歸」。現在垃圾問題，困擾許多政府，在自然界則無所謂廢物。

一種有機體所排洩的廢物，被他種有機體取爲食料。動物由呼吸所排出的二氧化碳，是綠色植物的養料；植物所放出的氧，又爲動物所用。動物所排洩的廢物，滋養細菌，腐細菌又變成藻類的養料。但是，因着人的作爲，廢物常歸不到應歸的地方，因而累積成害。例如含有水銀的乾電池拋入垃圾堆，被收去焚化，焚化成蒸氣，蒸氣被雨帶入水，水流入河，河魚吸取水中水銀，魚被捕，供人吃，人吃魚腹水銀有害身體。❹

生態第三法則：「自然善知」，在自然生態下，自然界一部份失去平衡，自然地會恢復平衡。一部份生態物中生產一種不需要的成素，自然地會被排除。所以說『自然善知』。同時，人用人工加入生態中一種成素，往往是有害的。例如殺蟲劑、農藥，多用必有害。又如人造器官，如不合天然條件也不能用。❺

生態第四法則：「出入相抵」，消耗了自然界的資料，必要補入。人不能白取白拿，好似「吃免費午餐」。例如把森林砍了，必須補上樹木，否則生態環境就遭破壞。地球的生態環境結成一個整體，在整體中沒有一樣東西可以無中生有也不能有中變無，整體的任何部份被人取出，必須以另一物代替。❻

可是今天的世界，卻是人類的需要擴大到不能節制的程度，人們用巨大的技術力量追求生產的增加，所用技術方法對生態影響就常發生破壞，常是自毀性的。「人類文明的當前進程是自殺性的」❼。

「沒有人能夠預測擾亂生態體系裏任何部系的整體後果。即使非生物的環境也具有某些特質，沒了它們，我們所知道的生命會變得不可能。在科學家的心目中，人類爲自然之王的觀念已經被人類與自然共生的觀念所取代，莎翁筆下的哈姆雷王子有一段台詞：『人肥萬物而自肥，然人自肥爲蛆蟲。』雖然粗鄙，卻正確地爲人類在生物圈裏的地位做了結論。」❽

二、儒家的合一宇宙

合一宇宙的思想，可以說是東方印度和中國的宗教及哲學的思想。印度教和佛教使人和宇宙不分；天臺宗和華嚴宗的觀法，「一入一切，一切入一。」主張萬法圓融。道家莊子的眞人，和天地元氣相融，便和天地而長終。儒家則注重倫理道德，以達到「與天地合其德，與日月合其明，與四時和其序，與鬼神合其吉凶。」（易經 乾卦文言）

儒家的宇宙是天地人合一的宇宙，這是易經的思想。易經本來是卜卦的書，爲卜知未來的吉凶，易經用卦變作工具，卦變則是遵循宇宙變化的原則。宇宙的變化，在易卦的製造者心目中，是一個整體的變化，整體爲宇宙，由天地人作代表。天代表一個元素，地代表一個元素，人則代表天地兩元素所成的萬物。天的元素爲陽，爲乾；地的元素爲陰，爲地。「一陰一陽之謂道，繼之者善也，成之者性也。」（繫辭上·第五章）整個宇宙就是陰陽的運行。

漢朝學者講授的易經，稱爲象數的易學，歸結到一個氣字上。宇宙的變易，爲氣的運行，氣運行有一定的途徑，氣運行的途徑稱爲氣運。讖緯的思想，就是氣運的思想；五行的思想，更是氣運的思想。宇宙的氣運在時間上爲四季，在空間上爲四方，四季四方五行由四個卦代表，然後將十二月，二十四節，七十二候，三百六十五日，和六十四卦相結合，構成一個整體；這個整體就是宇宙。

董仲舒不僅採納了五行相生相剋的思想，且更以人的身體的一小宇宙，和大宇宙的結構相配合。

禮記的「月令」，顯示儒家的政治思想，以皇帝治理四海，就如治理天地，國家稱爲天下。皇帝治理天下，宮室物飾都要配合季節和方位，還要供奉每季神靈；這是合一宇宙的政治。就是禮樂，也是按天理按氣運而成。還有所謂「五德終始」規定朝代皇帝的繼承；「天人感應」指示祥瑞和災禍的賞罰，都是根據氣運的思想。

漢末道家採納漢易的氣運學，製造了長生術。或呼吸元氣，或鍊製金丹，以延長壽命。宋朝理學家周敦頤採用道教的太極圖，製成自己的「太極圖」，作太極圖說：太極而無極，太極生陰陽，陰陽生五行，五行生男女，男女生萬物。他說明萬物化生的歷程，乃是一氣的運轉。整個宇宙和萬物，在一氣的陰陽裏變易。邵雍用這種思想講宇宙的循環，皇極經世一書按易經的六十四卦推算宇宙循環的年代。

張載則將易經的太極，解爲「太虛」，作氣的本體，太虛的本體爲「太和」，「太和所謂道，中涵浮沉升降動靜相感之性，是生絪縕相盪勝負屈伸之始。」（正蒙・太和篇）「氣坱然太虛，升降飛揚未嘗止息，易所謂絪縕，莊生所謂生物以息相收野馬者歟！此虛實動靜之機，陰陽剛柔之始。」（太和篇）陰陽變化，化生萬物。宇宙萬物在氣的變化中，結成一體。因此，人在生活中，須要體驗這種一體的聯繫，爲能體驗，人心須要「誠」。「中庸曰至誠爲能化，孟子曰大而化之，皆以其德合陰陽，與天地同流，而無不通也。」（神化篇）

和天地同一體的體驗，張載在「西銘」裏說：「乾稱父，坤稱母，予玆藐焉，乃渾然中處。故天地之塞，吾其體，天地之帥，吾其性。民吾同胞，物吾與也。」人的心須要體驗到萬物，張載說：「大其心，則能體天下之物：物有未體，則心爲有外。世人之心，止於聞見之狹，聖人盡性不以見聞梏其心，其視天下，無一物非我，孟子謂盡性則知性知天，以此。天大無外，故有外之心，不足以合天心，見聞之知，乃物交物之知，非德性所知；德性所知，不萌於見聞。」（正蒙・大心）以仁德而體萬物，則有孟子所說：「親親而仁民，仁民而愛物。」（盡心上）

程顥具有孟子的上述精神，他曾說：「人在天地間與萬物同流，天幾時分別出是人是物。」（二程全書一・遺書二上，二程語錄二上）「所以謂萬物一體者，皆有此理，只是從那裏來，生生之謂易。生則一時生皆完此理。人則能推，物則氣皆推不得，不可道他物不與有也。」（二程全書 遺書二上，二程語錄上）萬事同一理，理爲生生之理，生生爲仁，人心有仁，怡然自樂。他作詩說：「閒來無事不從容，睡覺東窗日已紅，萬物靜觀皆自得，四時佳興與人同。道通天地有形外，思入風雲變態中。富貴不淫貧賤樂，男兒到此是豪雄。」(二程全書五，明道文集三，秋日偶成)

朱熹繼承二程的「理一而殊」的思想，主張宇宙萬物同一生生之理，因着氣的清濁，各物之理乃不同，他便強調天地以生物爲心，生爲仁，人得天地之心爲心，人心因此也是仁。因着仁，人心乃能貫通萬物。

王陽明主張「一體之仁」，「蓋天地萬物，與人原是一體，其發竅之最精處，是人心一點靈明。風雨露雷日月星辰禽獸草木山川土石，與人原是一體。故五穀禽獸之類，皆可以養人；藥石之類，皆可以療疾。只爲同此一氣，故能相通耳。」(王文成公全書，卷三，傳習錄下)人心靈明，可以與萬物相通，人心的仁，也和萬物相通。因此，稱爲一體之仁。

王船山服膺張載的思想，特作正蒙注，對於張載的宇宙合一，深表讚同。張載在正蒙「大心篇」說：「體物體身，道之本也。身而體道，其爲人也大矣。道能物身故大，不能物身而累於身，則藐乎其卑矣。」王船山解釋說：「萬物之所自生，萬物之所自立，耳目之所見聞，心思之所能覺察，皆與道爲體。知道，而後外能盡物，內能成身；不然則徇其末，而忘其本矣。」王船山所說的道，和朱熹所講的理相似。萬物在道中，互爲一體。

儒家從易經開始，一直到清朝，常主張宇宙萬物合一。精神生活的目標，乃爲「天人合一」。「天人合一」的途徑，以人心之仁，和天地好生之心相結合，以贊天地的化育。

三、生命哲學的合一宇宙

生命哲學講宇宙，是合一的宇宙。

宇宙由造物主所造，造物主以創造力創造了創生力，創生力就是宇宙。天文學以最初的原始宇宙爲一氣團，氣團具有無限的力，內部因動而起爆發，逐漸造成銀河星辰。千萬的銀河，彼此的距離有若干億年的光速，但是它們結成一個宇宙，互相有能量（力）的聯繫。物理學說明宇宙的銀河星辰，構成元素相同，現在知道都是次原子粒子。生命哲學主張宇宙是同一「創生力」，有理有質，繼續變化。

這個創生力，具有巨大的發動力，爲宇宙一切變動的動力因。創生力有質，由整體宇宙說具有自己理，成爲一個宇宙。宇宙創生力常變，變時分化自己的質，和由創造力所得造物主所賦的理，化生新物體。新物體從質方面說是宇宙的質所成，由理方面說是造物主的創造。因此宇宙創生力繼續化生萬物，這種化生乃是造物主的繼續創造。

萬物由造物主繼續創造，萬物的物質是同一宇宙的物質，但因所得于造物主之理不同，質也各自不同。但是物質之本體，則同是同一宇宙的質。在質方面說，萬物是合一的。例如人的身體和禽獸的身體，在物質方面是相同的。從物理學和化學方面說，動物、植物、礦物的物質是相同的。

萬物的理各不相同，不僅物種之理不相同，同種的單體物的理也各不相同。人和禽獸之理不同，每個人的理也不相同。孟子曾以人之理爲性，每個人的理爲命。朱熹以人的理爲天命之性，每一個人的理，，爲氣質之性。但每個單體物，理雖不同，卻質都是宇宙之質，和宇宙合一，因此也彼此相連繫。

宇宙萬物的化生，由於創生力的動力，宇宙萬物的存在，也是由於創生力的動力。宇宙創生力動而化生萬物，爲萬物化生的動因，萬物因生而存在，存在是繼續的動。繼續的動，爲創生力的動，爲內在的動，爲生命。宇宙萬物係同一創生力的動，所以爲同一的生命。朱熹和二程都曾主張宇宙萬物有同一的生理，萬物有同一的生物，但「理一而殊」，理由氣的清濁而不同，萬物的生命便各不相同，朱熹主張人得全部生命之理，物得生命之理的一部份。

創生力在運行中，化生萬物。所賦予每一物之理由創造力而來，卽中國人所說的命，各不相同。大的不相同爲種類不同，小的不相同爲單體的不相同，因此物體的生命也就不相同。最低級的，則是祇有內動而不顯，不能增加自體，這是礦物的生命。再上一級是植物，有內動，增加自體，生命顯於外，這是普通所謂低級生物。再上一級則是動物，有內動，增加自體，且有感覺。再上一級便是人的生命，爲心物合一的生命，有內動，有感覺，有意識，有創作。再上一級為精神體的生命，人死後靈魂生活，是精神體的生命，還有天使和魔鬼的生命為精神生命，祇有「行」，沒有變動。最高級為絕對精神體的生命，乃是純淨完全的「行」。

普通生物學以細胞能夠分裂出另一細胞，自己增長自己的生命。近文學作家蘇雪林教授說：「有生之物，無論大小，無論種類，必須有血液循環，神經系統；能自衞，能攻敵，能吃喝撒野，能生老病死，請問茅坑石子具此條件否？石中原子能找異性原子與之結合，無非是化學作用，是不能稱之為生命的。」❾這些對生命的解釋，祇解釋宇宙內物體的生命，超於宇宙的精神生命則沒有解釋，講哲學則必須講到精神生命。生命是實體的內在動的存在。存在就是每物的創生力。例如人因宇宙創生力而生，人生後卽生活，活是動，動是創生力。人的生命就是創生力，人一刻不活，人就不存在了。宇宙萬物的化生和存在，是同一的創生力。

每個人的理不同，質也不同，每個人是一個具體的位格。在生活上，每個具體位格的人，性格不同，才能不同，卻要互相連繫，不能孤立。人的生命是「宇宙性的生命」，和宇宙萬物相連。

宇宙間的萬體，都是因創生力而有，因創生力而在。在理論上，每個物體是個自立的實體，不依賴其他的物體。在實際存在上，則互相連繫，互相依賴；因為實際的存在為繼續的動，繼續的動的動力，彼此互相影響。在具體的自然界：土壤、植物、動物、水、空氣，互相關連，一部份遭到傷害，其他部份連帶也受到傷害，這就是目前所謂生態環境的危機。

創生力的運行，爲化生和保全萬物，有天然的次序，由一物通到另一物。這次序天然地偶然受到阻礙，天然地會恢復，若是人爲的工作破壞了天然次序，必須人爲的工作予以補救，否則創生力的運行不通，整個宇宙要受到傷害。

宇宙萬物，祇有人有靈明，能自行決定自己的行爲，其他的物體，常是按着物性而動。中庸說：「誠者，天之道也；誠之者，人之道也。」（第二十章）自然界的物體，不會破壞天然的次序，常保守自然界的平衡。人想利用自然界的資源，製造了各種技術，技術的運用破壞自然界的平衡，傷害了物體間的關係。

中國儒家的倫理目標，以「贊天地之化育」爲目標，指示人類協助萬物能自然發育，不僅不破壞天地化生萬物的次序，還要予以協助。天主教的信仰，相信天主造生萬物供人類使用，受人類掌管。但普通的管理觀念，管理要按所管理的事物的物性去管理，還要使所管理的事物得到好處。天主賞賜萬物供人使用，人類應該合理地使用，決不能濫用。這兩種思想都是「仁」的思想。

宇宙萬物互相聯繫，宇宙萬物合成一體，這是自然界的客觀事實；但只有人能體驗到這種事實，使這個客觀的自然事實成爲一個有意識的事實。人的心是靈明，心的靈明可以照到自然界的事實現象。

王陽明曾經答覆學生問人心與物同體的問題說：「可知充天塞地，中間只有這個靈明（人心），人只爲形體自間隔了。我的靈明便是天地鬼神的主宰。天沒有我的靈明，誰去仰他高；地沒有我的靈明，誰去俯他深；鬼神沒有我的靈明，誰去辨他吉凶災祥。天地鬼神萬物，離卻我的靈明便沒有天地鬼神萬物了；我的靈明，離卻天地鬼神萬物，亦沒有我的靈明。如此，便是一氣流通的，如何與他間隔得！又問：『天地鬼神萬物，千古見在，何沒了我的靈明。便諸無了？』曰：『今看死的人，精靈游散了，他的天地鬼神尙在何處！』」（王文成公全書 卷三，傳習錄下）

這是王陽明的知行合一思想，從良知的知行合一，擴展到全部知識。從知識論去看，心不知的物，等於不存在。我們在這一點上，可以和王陽明意見相同；在本體論上，則我們承認物體不因人的心靈而存在。宇宙間不因人的心靈而存在的物，它們的存在是無意識的。宇宙的合一，沒有人的心靈也是無意識的合一。人的心靈，使宇宙的合一，成爲有意識的合一。人的心，能知能愛；人能知道宇宙萬物的合一，人能愛宇宙萬物的合一。在人的心靈內，宇宙萬物進入人的生命內，人的生命進入宇宙萬物的生命內。這樣，才可以實現聖保祿宗徒所說的宇宙萬物參加天主義子的光榮：「凡受造之物都熱切地等待天主子女的顯揚；因爲受造之物被屈服在敗壞的狀態之下，並不是出於自願，而是使它屈服的那位的決意；但受造之物仍有希望，脫離敗壞的控制。得享天主子女的光榮自由。」（致羅瑪人書第八章 第十九節—第二十一節）人類因基督而得到救贖，成爲天主的子女，人類所掌管的萬物，也因人心靈歸於基識的意識而歸於基督，因基督而歸於聖父。如同聖保祿宗徒所說：「一切都是你們的；無論是保祿，或是阿頗羅，或是雍法，或是世界，或是生命，或是死亡，或是現在，或是將來，一切都是你們的；你們卻是基督的，而基督是天主（聖父的）。」（致格林多前書，第三章，第二十一節—第二十三節）

附註

1. 伽勃拉著，潘家寅譯，物理之道，頁一〇一，臺灣中華書局。
2. 康門納著，宋尙倫譯，環境的危機，頁二四，巨流圖書公司。
3. 同上，參考頁二五—三〇。
4. 同上，參考頁三一。
5. 同上，參考頁三一—三四。
6. 同上，參考頁三五—三六。
7. 同上，頁二五六。
8. 艾胥比著，曹定人譯，人對自然的和解，頁一二五，十竹書屋。長河版。
9. 蘇雪林，一篇玄科之戰押陣的文章，中央日報民八十年八月廿八日。

附錄　懷德海—自然與生命

谷風出版社—分析的時代，第六章　頁九三—九五

最後受到一位更遠爲有聲勢而受人尊敬的人物——二十世紀的科學家——的報告的支持，他不但給常識觀點以最後的封閉，而且還使懷德海開始進入其活動過程的哲學(activistic philosophy of process)。空無所有的空間的學說已被近代物理學所消滅，懷德海說，並被一種力場、一種不斷活動之場的觀念所代替。再則，「物質已被視爲和能同樣的東西，而能是純粹的活動。」由於任何局部的激動都會震撼整個宇宙，所以就不應當把任何事物作爲局部的、獨立存在的東西來看待。環境一直滲入了每一事物的本質。當我們測量宇宙深度的時候，關於自足的物質分子的常識和較古老的科學觀點祇是一種抽象，而且是一個無用的抽象，它祇可供律師及無知的哲學家之用，懷德海說，但它將阻礙我們理解：近代物理學的基本事實是活動(activity)。但是，「活動」的形象之爲近代物理學家放在其宇宙圖中心的，乃是懷德海所稱爲「赤裸裸的活動」，它還有待於哲學家用對一些極大量的問題的解答來給它穿著打扮好。這些問題就是：「『活動』的目的何在，它產生什麼，『活動』

包括著什麼？」在以下的選錄中，懷德海就要將他的注意轉到這個費力的任務上去。它是從懷德海的《思維方式》一書（一九三八）中第八講「活的自然」摘出的一個節錄，並注明刪略之處。

生命在……自然中的地位，乃是現今哲學上和科學上的問題。的確，它乃是所有各種思想體系——人道主義的、自然主義的、哲學的——滙合的中心點。生命的眞正意義是令人困惑的問題。我們理解了生命，也就能理解它在世界中的地位。但是，它的要義和它的地位，同樣都是難以捉摸的。……

我所主張的學說就是，自然（Physical nature）和生命兩者都是不能理解的，除非我們將其作爲構成「眞正實在的（really real）東西的組成中的主要因素溶合在一起，而這些東西的相互關係和個別特性就構成了宇宙。

作爲論證的第一步，首先必定要形成某種關於生命能夠有什麼意義的概念。同時，我們還要求，我們關於自然的概念的不足之處，須要用它同生命的溶合來補充。在另一方面，我們也要求，生命的概念也領包含自然的概念。

現在，作爲一個初步的近似說法，生命這個概念暗含有某種自我享受（self-enjoyment）的絕對性。這必然意味著某種直接的個性，它乃是一種吸收自然界物理過程所提供的許多有關材料使之成爲一種存在的統一體的複合過程。生命就暗含著從這種吸收過程產生的絕對的、個體的自我享受。在我近來的文章中，我曾用「掌握」(prehension)這個詞來表達這種吸收過程。同時，我稱直接自我享受的每一個別行爲是一個「經驗的機會」(occasion of experience)。我認爲，這些存在的統一體，這些經驗的機會，都是眞正實在的東西，它們以其集合而成的統一體構成不斷進化的、永遠處於創造性前進之中的宇宙。……

這種自我享受的概念並未將這裏稱爲「生命」的過程的那一方面，完全說盡。就其可以理解而言，這種「過程」包含一種屬於每一「機會」的眞正本質的創造性活動的概念。它乃是把宇宙間的這樣一些因素吸引出來使之變爲現實存在的過程，這些因素在這個過程以前祇以未實現的潛能的狀態存在著。自我創造(self-creation)的過程就是將潛能變爲現實的過程，而在這種轉變中就包含了自我享受的直接性。

所以，在了解生命在一次經驗的機會中所起的作用時，我們必須區別先行世界所提供的已經成爲現實的材料，準備促使這些材料溶成一個新的經驗統一體的尙未成爲現實的潛能以及屬於這些材料與這些潛能的創造性溶合的自我享受的直接性。這就是創造性前進的學說。按照這個學說，生命之向未來轉化乃是屬於宇宙的本質。將自然理解爲一種靜止的事實，哪怕祇在沒有延續性的一瞬間，這是荒謬的。沒有轉變(transition)就沒有自然，而沒有時間的延續也就沒有轉變。這就是把時間上一瞬間的概念看作一件基本的單純事實之所以是胡說的理由。

然而到此爲止，我們還是沒有將創造的概念完全弄清，這個概念對於理解自然是極其重要的。我們還領將另一特性加到我們對於生命的描述中去。這一未加上的特性就是「目的」(aim)。「目的」這個詞的意義就是，排除無邊無涯的可替換的潛力，而容納這樣一個一定的新因素，它就是羅致這些材料到那個統一化過程中去的選定方法。這目的是爲達到這樣一種感情的複合體，它乃是依上述方式對那些材料的享受。「那種享受的方式」是從廣大無邊的可替換因素中選定的。其所以選定這一方式是爲了在那種過程中變成現實。……

第七章　圓滿的認識論

一、肯定的前題

近世紀的西洋哲學，從實體方面去講，少有發展的餘地，就好像西洋的油畫，在表現客體的美，到了文藝復興期已經達到成全點，近世紀的西洋畫便不能再走傳統的路線，先有印象派，後來更有抽象派、未來派、觀念派，各種各形的奇怪繪畫。中國畫到了明朝，山水畫和花鳥畫，也不能超過宋元畫家，於是只有仿效。西洋哲學到了近代，從笛卡爾開始，研究認識問題，一直到現在，還是走在認識論的路上。胡塞爾就批評了近代哲學都是不正確的認識論，指出笛卡爾走進了心物二元論，在心和物之間劃上了一道鴻溝，求冷斯創偶因說，把心物看成兩隻相應合的鐘錶，柏克萊以存在就是感受，康德以爲主體之純理性只可能認識現象，不能達到本體。胡塞爾提出現象論，直接認識物的本質，創立「純自我」和「純意識」，但是語言邏輯派卻又回到語言的架構，否認觀念的普遍性。懷德海則提出永恆、普遍的對象，肯定認識的價值。最新的結構論，放棄了一切的本體或本質觀念，僅就物體本身和物與物的關係去運作。海德格的存在論雖想把持「存有」本體，然也只講到「存有」的方式，漸漸也就被人遺忘。

認識論本來就是哲學上的第一個問題，是一個開啓門戶的問題，人類對於宇宙和萬物的存在和內容，都是由認識而來。人類所不認識的，就等之於不存在，宇宙內現在有無數的星球銀河，還沒有被人知道，它們對於人，人對於它們，就等之於它們不存在。因爲人對於自己本身，對於外物，除自身生理活動以外，都須經過『意識』，才能有動作。『意識』必定有認識，認識有自己又有外物，如同佛教所說的『我執和物執』。自身和外物，在人的「意識」裏，是內在的認識。因此，所謂的宇宙萬物，或更好說人所講的宇宙萬物，都是人意識中的宇宙萬物。然而，卻不能因此就說宇宙萬物都是人心所造，以「萬法唯心」或「萬法唯識」；人意識中的宇宙萬物，乃是外界宇宙萬物在人心的『臨在』，而『臨在』是有客觀眞實性的。

西洋近代哲學便企圖解決這個認識問題，哲學所研究的一切對象，都是人的認識，這種認識有客觀的眞實性呢？或者只是主觀的造作。西洋哲學常因追求眞理的特性，運用科學的分析法，一切都追求證據。在認識論上，追求證明主體理性的認識能力，又追求證明客體的可認識性，更又追求證明主體和客體怎麼結合爲一。在這三個問題上，已經輪廻了四百多年，越轉越沒有頭緒。胡塞爾企圖以現象論的「存而不論」的純意識，以建立穩固的認識論。但，他的現象論也是一種『哲學假設』，如同自然科學上的假設，不是眞理的本身，隨時可以被人所改或遺棄。現在的結構論就是新近興起的一種相反的『哲學的假設』。

這種學術現象，是一種必然的現象。人的認識，由理智而有而成。感官的感覺也要經過理智的肯定，大學說：「心不在焉，視而不見，聽而不聞，食而不知其味。」（第七章）認識既由理智而有而成，認識便是理智的產物。在理智以上，人沒有別種認識官能。西洋哲學認識論的第一個問題，卻是理智能否認識？爲解決這個問題，人也只能用理智去答覆，結果便是理智證明自己能否答覆。理智沒有辦法自己證明自己，只能肯定自己能夠認識；因爲若答覆自己不能認識，這已經是一種認識工作。對於感官的感覺，我們可以求證；因爲在感官以上有理智，又因爲感官是物質體，物質體的動作可以用物質體的儀器去證明。對於理智，我們沒有辦法可做。我們一定要肯定這個前題：理智可以認識自己的對象，可以有認識。這個肯定不是空想，乃是事實，天生的一種官能，必定可以按照本有的規律而動作，達到自有的目的。一雙眼睛生來能看，一對耳朵自然能聽，一個胃自然能消化，一顆心臟自然能運轉血脈。實際上是否能夠完全工作，完全得到功效，那是實際上官能結構是否完全的問題。同樣，理智天生爲人認識的官能，應該可以認識自己的對象。

笛卡爾的懷疑論，不是懷疑理智的功能，而是教人懷疑每個肯定，務必要這個肯定明顯地排在理智前面，理智看得清楚，才接受這個肯定爲眞。他所提出第一個肯定『我思則我存』，認爲這個肯定天然地很顯明，用不着另找證據。我思；我的思想，我思想者，當然存在。若是我不存在，思想當然沒有，而且對我的一切都應視爲沒有。不過，從我的存在，並不能證明理智能夠認識；因爲西洋哲學的「存在」，只是存在的觀念，並不包含實際存在所有的一切。笛卡爾所要說的，在於在推論中，有最基本的原理，應是假定的前題，不要證明。「我思則我存」，就是一項根本不必要證明的前題。我們也應該說：『理智能夠認識』，也是一項最基本的原理，不必要而且不可能予以證明。

西洋認識論的第二個問題：認識的主體和認識的客體，可不可以相結合？可以相結合，才能有認識。西洋認識論，在主體和客體中間，劃了一道鴻溝，然後研究是否可以渡過這道鴻溝，近世紀的西洋哲學都在這個問題上轉來轉去。從中國哲學去看這是西洋人自求苦惱，中國人決沒有這個問題。但是中國人也並沒有解釋爲什麼主體和客體間沒有鴻溝，只是說到『仁』，爲人心的直覺，又說到人因氣和萬物相通，直覺，不能解釋人的一切知識，梁漱溟曾說：「不有經驗，何有知識？不有記憶，何有經驗？不有自覺，何有記憶？」❶至於萬物一氣相通，能有直覺知識，莊子曾有這樣的主張。

二、莊子的氣知

若一志，無聽之以耳，而聽之以心；無聽之以心，而聽之以氣。聽止於耳，心止於符。氣也者，虛而待物者也。唯道集虛，虛者，心齋也。（人間世）

通天地一氣耳！故聖人貴一。（知北遊）

墮枝體，黜聰明，離形去知，同於大通，此謂坐忘。（大宗師）

莊子主張養生。人的生命由氣而成，氣聚而生，氣散爲死。氣的聚散出於自然，氣的運行也行於自然。自然稱爲天。莊子的養生論，教人無爲，一切安於自然，切不可自作聰明，規定行爲的規律。否則勞神傷身，生命不可長保。

人有聰明，能有知識。莊子說明人有感覺之知，心思之知，還有氣知。人爲行動必先有知。感覺之知和心思之知，都須人用身體和用心思。莊子教導人莫用感覺和心思：「無聽之以耳，……無聽之以心，而聽之以氣。」氣爲天地之氣，在人以內；對於知識，元氣顯於人心。人心，「虛而待物者也。」荀子也曾主張『心虛而靜』，『心有徵知』。荀子的徵知，乃是心的活動，心的行爲。莊子則主張心爲知，應該無爲，不宜思索，須要「坐忘」，「離形去知，同於大通。」心不思索，自然和物相通，「同於大通」，『大通』不僅在生理方面，也是在知覺方面，外面的形色，通於人的耳目；外面的物體，通於人的心。物由氣而成，氣乃物的本體；物的氣通於人心，物體便通於人心；人心虛靈如鏡，物的本體就顯在人心，人心便自然明覺，人心所明覺的是物的本體，本體是物的底蘊，是物的道。不僅物體顯明，整個宇宙的底蘊都也隨氣顯在人心，人心能夠明覺。

> 至人之用心若鏡，不將不逆，應而不藏，故能勝物而不傷。（應帝王）

聖人用心，不僅在情感和慾望方面，無爲自然，在知識方面，也是「用心如鏡」，讓知識自然顯露，不用心去求。

> 汝徒處無為，而物自化。墮爾形體，吐而聰明，倫與物忘，大同乎涬溟。解心釋神，莫然無魂，萬物云云，各復其根。各復其根而不知，渾渾沌沌，終身不離。若彼知之，則是離之，無問其名，無闚其情，物故自生。（胠篋）

莊子講養生、無爲無欲，以人的氣，和物的氣相接，莫想自己有所求，莫求自己有所爲，切不要自作計劃，順着自然，忘卻自己，忘卻外物，人和物將自化，渾渾沌沌，和物不相離，自己歸到生命的根本。若想起自己，又想起外物，則人和物相分，但是人的生活是知識的生活，在這種與物同化的生活裏，心雖不動，仍舊有知。這種知，乃是氣知，人心和物的本體相接，物的本體顯於人心。

莊子在「養生主篇」講庖丁解牛，運用氣知：

臣之所好者，道也，進乎技矣。始臣之解牛之時，所見無非牛者，三年之後，未嘗見全牛也。方今之時，臣以神會而不以目視，官知止而神欲行，依乎天理，批大郤，導大窾，因其固然，技經肯綮之未嘗，而況大軱乎！（養生主）

庖丁解牛，不以眼睛去看，不以心思所推測，而以「神會」刀可直入牛身的處所，決不會遇到牛骨，所說的「神會」就是庖丁的氣和牛的氣相接，直接體會動力之處。「砉然嚮然，奏刀騞然，莫不中音，合於桑林之舞，乃中經者之會。」（同上）

視乎冥冥，聽乎無聲；冥冥之中，獨見曉焉；無聲之中，獨聞和焉。故深之又深，而能物焉。神之又神，而能精焉。故其與萬物接也，至無而供其求。（天地）

莊子在這裏所講的，是講道和德，他在這段文章的前面說：「故通於天地者，德也，行於萬物者，道也。上治人者事也，能有所藝者技也，技兼於事，事兼於義，義兼於德，德兼於道，道兼於天。……無爲爲之謂之天，無爲言之之謂德。……夫道淵乎其居也。」莊子以道深居物的底，物的底蘊就是道。爲能知『道』，要在冥冥無形無聲之中去認識，要在物的底蘊才能認識物，『故深之又深，而能物焉。』人的神，是人的元氣，在於人心。人心元氣和萬物相接，不用感官，不用心思，『至無而供其求』，一切都不用，到了「至無」，萬物顯在人心，人可以知道萬物的本性而「供其求」。

莊子在「大宗師」篇，講養生之道：「參日而後外天下；已外天下矣，吾又守之七日而後能外物；已外物矣，吾又守之九日而後能外生；已外生矣，而後能朝徹；朝徹而後能見獨，見獨而後能無古今，無古今而後能入於不死不生。」爲能脫離死生的焦慮，要能排除時間。爲排除時間，則要只看一點，「見獨」。一切都排除，只知道自己在。自己的在，超越天地、萬物、死生；因爲是『無不將也，無不迎也，無不毁也，無不成也，其名爲攖寧。』自己的「在」，和萬物的「在」相合爲一，將迎毁成，一切順乎物的天性，人心便能「攖寧」。郭象注說：「夫與物冥冥，物縈亦縈，而未始不寧也。」在「與物冥冥」之中，人的氣和萬物的氣相接，冥冥之中，「獨見曉焉」，有一種知識，爲一種直接的知識。

莊子在「秋水篇」結束時，說自己和惠子遊於豪梁之上，看見魚在水中悠遊自在，便羨慕魚的快樂。惠子反說：「你不是魚，怎麼知道魚的快樂。」莊子答說：「你不是我，你怎麼知道我不知道魚的快樂。」惠子又說：「我非子，固不知子矣。子固非魚也，子之不知魚之樂，全矣。」莊子曰：「請循其本。」子曰：「女安知魚樂云者，既已知吾知之而問我，我知之濠上也。」郭象注說：「尋惠子之本，言云非魚則無緣相知耳。今子非我也而云女安知魚樂者，是知我之非魚也。苟知我之非魚，則凡相知者，果可以此知彼，不待是魚然後知魚也。……我正知之於濠上耳，豈待入水哉！夫物之所生而安者，天地不能易其處，陰陽不能回其業。故以陸生之所安，知水生之所樂，未足稱妙耳！」

莊子答惠子說：「請循其本」，從根本上來講，你不是我，你怎麼能說我不是魚，不能知魚之樂？若我不知魚，你也不能知我。你既以爲你知道我不能知魚之樂，你自認知道我了。你不是我，能知道我，我不是魚，我也能知道魚。而且在根本上，我們人和物都是相連的，我知我之樂，也知魚之樂。莊子仍舊根據自己的原則，『通天下一氣耳。』（知北遊）因氣相通，人心自然知道萬物的本性，不必思索。莊子又在「達生篇」說一鐻木匠，入山看樹。

然後入山林，觀天性，形軀至矣，然後成見鐻，然後加手焉；不然則已，則以

天合天。器之所以疑神者，其是與！（達生）

「以天合天」，莊子的養生原則，也是他的認識論原則。不用心思勞累，心爲靈臺，靈臺爲虛，虛能集『道』，萬物之道，集在人心，人心自然知道萬物的底蘊。

三、合理的完滿認識論

莊子的認識論，我們不能接受。整個的思統系統，建立在「天地一氣耳」；這一點不合理、不符事實。整個認識論則以心氣與物的氣相通，心自然直接知道物之道，這一點也不合理，不符事實。但是莊子的認識論則昭示幾點研究的原理，可以協助我們解決認識的問題。第一點：莊子以宇宙萬物彼此相連相通。第二點：物之理可以直接顯白於人心。把這兩點，從莊子認識論的內容裏抽取來，作爲我們解決認識問題的原理。

第一：認識的主體和客體，彼此相連相通，沒有過不了的鴻溝。

宇宙萬物，都由創生力化生而有，也由創生力繼續運行而存在，便由創生力互相連接，互相接通。一個物體的形色，和人的眼睛天然地相連接，一遇到光，便同眼睛相合，一種聲音，和人的耳朵天然地相連接，因空氣振動達耳朵而互相結合。孟子說：「耳目之官，不思而蔽於物，物交物，則引之而矣。」（告子上）耳目爲物質物，形色聲音爲物質物；耳目既然是天生的感官，感官和對象，即形色和聲音，必定天然要相連結，否則耳目便不能有功效，天生的功能不能有成，就如胃不能消化，心臟不能使血液循環，天何必生這種官能！耳目和形色聲音因爲是物質，可以用物質儀器證明功作的程序，大家都承認感官和對象可以相結合。

對於理智，哲學上發生問題，因爲沒有辦法可以證明理智在認識功作上的過程；因而許多哲學家說理智和對象的中間，有一道鴻溝，彼此相隔離，不能互相連結。但是在理論上和事實上，宇宙內沒有一個實體是孤立的；物體和物體都有連繫，物體的相互連繫是『力』的連繫。精神體彼此也是互相連繫，精神體的連繫是精神力。連繫力發自物的本體，一面是互相排斥，一面是互相吸引。一個物質實力，自身各份子，互相排斥，各有各的位置，結成面積，構成內在空間；又互相吸引，結成一團結力，即本體的力，構成物體的『一』。物體的本體力又向外洩，排除別的物體進入自己的內在空間，又吸引別的物體，在『力』上互相貫通。精神體的力所有相互關係，則是互相顯明，好像盞盞的燈，各自顯明自己。普通所謂的情感，即是力的發洩，或是排斥，或是吸引。生理方面的運作，也是力的運作。

人是心物合一的實體，身體和靈魂（心靈）結合爲一。生理生活爲維持和發育身體，是身體獨有的活動。人的其他活動，都由身體和心靈共同運作。感官的活動，以感官爲主，但須通過心靈，因爲『心不在焉，視而不見，聽而不聞，食而不知其味。』（大學　第七章）身體的痛苦快樂感覺，也要通過心靈，否則沒有感覺。心靈的活動，便須經過身體，腦神經就是心靈藉用的官能，心靈的知識和感情都藉神經而活動。

認識，是心靈的理智的活動，對內對外都要運用身體。外面的對象要進入理智，必要經過身體的感官。理智向外表達思想，也必要經過身體的感官。

實體的『在』，是整體的『在』。實體臨在時，和另一實體相接觸，接觸的程度和成效，依照相接觸的實體之性質而定。兩塊石頭相接觸，是互相排斥以保持自己的空間。兩件或對方一件有感覺生活的物體相接觸，在感覺方面有反應，產生感官的印象，人具有心靈，心靈有理智，竟志和情感的生活。外面一客體，和人相接觸，以自己的整體和人的整體相接觸，客體的整體和人的身體相接觸，又和人的心靈相接觸。因着人是心物合一的整體，外物的接觸便和人的身體心靈相接觸，缺少任何一方面，接觸都不能成全。例如：一個實體只接觸人的身體，而不接觸心靈，則是看，看不見；聽，聽不見，等之於沒有接觸。一個精神實體只和人的心靈接觸，心靈沒有撇開身體而接觸的可能，心靈便不能直接和精神實體相接觸。

人的認識作用，是人的整體作用，是心物合一的作用。在感覺認識中有心靈，即是有理智，在理智的認識中有感覺。卽是神經，同時，認識作用，是整個主體的作用，我看，是我整個人在看，我想，是我整個人在想。再一方面，被認識的對象，也是一個整體的實體，我看見顏色，我看見顏色所在的實體或是桌子或是花。因此，在認識作用，都是整體的關係，作用是整體，主體是整體，客體是整體，凡是認識，都由感覺開始，感覺的認識，同時也是理智的認識，我看見一張桌子，眼睛看見外形，同時，理智知道是張桌子。我聽見一種聲音，理智知道是什麼聲音。現在感覺時，我整個一個人在感覺。我推想時，我整個一個人在想。客體面對認識主體時，是整體相對。因此，在認識作用時，不能分析純粹的感覺認識和純粹的理智認識。兩者常和在一個動作裏，在同一動作裏，感覺和理智各達各自的對象，沒有主客間的鴻溝。

在認識作用上，認識作用是一個整體作用，在動作時，不能分爲感覺作用和理智作用，兩種作用同時進行，同時完成。在認識作用上，認識主體是一個心物合一的整體，同時連用感官又運用心靈。例如，我看見一朶紅花，我看見紅色，又知道是一朶花。同樣，被認識的客體，也是一個整體的客體，一朶花被認識時是整個一朶花，並不是先認識顏色，然後再認識花。也不能說假如我先不知道它是花，我看見顏色時，不會知道它是花，顏色和花在認識上是可以分開的。可是若是你不知道顏色時，你看見顏色也不知道是顏色。這種分離不是客體物體自身的分離，而是主體的心物沒有正常的合一。

因此，在認識作用上，主體和客體的接觸，都是整體的接觸，客體是整體顯露給主體，主體接納客體也是一個整體的作用，是一個心物合一的認識作用，身體感官接納了客體的外形，心靈理智接納了客體的本質。

西洋哲學的分析研究，把感官認識和理智認識分開，那是抽象的學理分析，而不是實際的分析，在實際上這兩種認識常合而爲一，因爲是人生命的活動，生命活動不可分。

心物合而爲一的認識爲初步的認識，理智進一步根據這種認識予以分析，造成觀念，再結成物體或事物的定義，那是心靈的活動；然而同時物質性的想像也常伴同理智而活動。我們沒有一個絕對不借助想像的純精神觀念，也不能懂得絕對不合想像的理論。

西洋認識論的主客間之距離，不能超越的問題，主體理智不能走出主體而到客體的問題，都是抽象的問題，不是實際上的問題。

第二、心靈爲一明鏡。

西洋認識論常以爲理智認識時，理智不能走出主體而達到客體。中國哲學常以心靈爲虛明。大學的第一章就說「大學之道，在明明德。」兩個明字，上面的明字是動詞，是「使光明」，下面的明字是形容詞，形容「德」是光明的。「德」是人性，人性爲善，中庸第一章便說「天命之謂性，率性之謂道，」人性是善，是德，宋明理學家乃說性是理。人性的德即人性的理，爲一明顯之理，自然顯明。人性爲抽象的理，人性在具體上爲人心，宋明理學家常以，理、性、心相合爲一。荀子曾說人心虛靈，朱熹也說心虛而靈，王陽明則以心爲明鏡毫。人心不僅顯露人性之理，也顯露所接觸物體之理。陸象山認爲人反觀自心，可以知道萬物之理，不必外求。朱熹以人應研究外物之理，然而經過多種研究之後，便自然貫通，朱陸兩人都主張天地間只有一理，朱熹則主張理一而殊。再者，中國哲學所談之理，都是人生活之理，就是倫理善惡之理。

我要講的理，乃是每物的物理，物理爲物體存在之理，即一物所以成一物之理。每當一個物體，和我相接觸時，這個物體是整體的實體和整體之我相接觸，它的外形顯露給我的感官，它的物理顯露給我的心靈。我的心靈是虛而明，物理顯露給我的心靈，我心靈的理智認識了這個物的理。這個認識是初步的認識，是籠統的認識，是士林哲學所說的「被動理智」之「印象」。我的理智進一步加以分析，構成一個抽象觀念；這是士林哲學所說的「主動理智」的動作。再進一步，理智再把所構成的觀念和別的觀念相比較，便有推論，便有學術智識。佛教稱心識爲「了別識」，爲「比量」。

莊子以天地萬物同一氣，相連相通。我認爲天地萬物同爲「創生力」的力所動，彼此相連也相通。在生理生活上，王陽明曾講「一體之仁」，人的生命爲生活，須吃動物的肉，植物的蔬菓，礦物的藥，所以生命相通。在感情生活上，人的感情和萬物也相通，文人詩家和藝術作者，既有經驗，又有作品。在理智生活上，人和萬物也應相通，萬物顯露給人的心靈，心靈的理智力可以認識物理。

物體給人心靈的顯露，實際上有許多條件，就如物體顯露給人的感官，也有許多條件。

因此，人的理智生活，各有不同，理智力有高下，注意力有強弱，研究方法有優劣，還有情慾也有正反的影響。普通說「當局者迷，旁觀者清，」就是指的情慾之影響。

認識爲人的理智生活，理智生活爲人的生命活動，生命活動常是整體的活動，人的整體活動爲心物合一的活動，心物同時達到自己的動作對象。這種認識論可以稱爲合理的圓滿認識論。

附註

❶ 梁漱溟 人心與人生，頁七二，谷風出版社。

第八章　倫理道德和生命

一、倫理和生命

倫理是生活的規律，人的生活爲羣體生活，爲社會生活；因爲人的存在，即人的生命，不是孤獨的存在，也不能是孤獨的存在。人的存在爲活動的生命，生命繼續發揚，和別的物體的生命，互相連繫。因此，生命的發揚便不能不有規律，以避免衝突摩擦。

易經講生生之道，宇宙萬物的變化，有共同的原則。宇宙萬物變化的原則，最基本的就是「一陰一陽之謂道」，由陰陽的變化之道，乃有動靜、進退之道，然後便有時和位的標準，以求變化的中正。易傳「繫辭下」第十章說：「易之爲書也，廣大悉備，有天道焉，有人道焉，有地道焉，兼三才而兩之，故六，六者，非它也，三才之道也。」易經講天地人變化的規律。天地的變化，雖有形跡可見；但是這些形跡，複雜錯綜：「易與天地準，故能彌綸天地之道。仰以觀於天文，俯以察於地理，是故知幽明之故，原始反終，故知死生之說。精氣爲物，游魂爲變，是故知鬼神之情狀。與天地相似，故不違；知周乎萬物而道濟天下，故不過；旁行而不流，樂天知命，故不憂；安土敦乎仁，故能愛。範圍天地之化而不過，曲成萬物而不遺，通乎晝夜之道而知，故神無方而易無體。」（繫辭上・第四章）易傳說明由天文地理深入研究，可以知道宇宙生化之道，生化的成效，則神妙莫測。聖人研究這種生化之道「知周乎萬物而道濟天下」，先作了八卦，「聖人有以見天下之賾，而擬諸其形容，象其物宜，是故謂之象。」（繫辭上・第八章）卜卦以測吉凶，按吉凶以決定行爲。卜卦成爲行爲的規矩。後來人民的智識漸長，善惡不能僅由吉凶去判斷，應該有自己的規則，聖王乃按天理製作禮規。中庸說：「雖有其位，苟無其德，不敢作禮樂焉。雖有其德，苟無其位，亦不敢作禮樂焉。」（第二十八章）聖王製定了禮，禮成爲倫理的規律，孔子乃說：「非禮勿視，非禮勿聽，非禮勿言，非禮勿動。」（論語・顏淵）

天理在宇宙以內，在萬物裏面，人既爲宇宙萬物的一部份，人的生命之道，也應該在人以內，中庸乃說：「天命之謂性，率性之謂道，修道之謂教。」（第一章）人的生命在活動上的規律，是在人性裏，人依照人性去生活，就是善。中庸講『誠』，『誠』是『率性』。宋朝理學家便專講『性』卽『理』。人爲修身，應知性理。

每個物體的『存在』，是按物性而『存在』。『存在』既是動的『存在』，爲常有內在活動的生命，生命的活動卽是『存在』的發育。『存在』的發育，應該根據物性而發育；因此，生命的規律也是物性。自然界的物體，沒有理性，不能自主，一切活動均自然而動，自然而動也自然依照物性而動；中庸所以說：「誠者，天之道也。」（第二十章）

人有理性的心靈，心能知能主宰。人知道人性天理，自己可以按照人性天理去生活；中庸所以說：「誠之者，人之道也。」（同上）人要自己誠而率性，人的行動乃是心靈的行動，經過人的自主。不經過自主的生理活動，則自然按天理而動，人的自主行動，可以按照也可以不按照人性天理，乃有善惡。善惡由行爲符合或不符合人性天理，中庸說：「發而皆中節，謂之和。」（第一章）然而行爲中節，符合人性，人的生命得以發育；若不中節，人的生命便受傷害，善惡不僅是行爲和規律的關係，也是行爲所造成的成果。例如一株花的生命，若能依照花的物性而活，花便能發育；若遇著外力阻撓，使不能依照物性而生活，花便枯萎。人的生命，是心物合一的生命，然以心靈生命代表人的生命，身體的生命和禽獸沒有多大分別。因此善惡行爲，是心靈的行爲，是人自主的行使，善惡的行爲，影響心靈的生命。中庸說至誠的人，才可以完全發揚自己的人性（第二十二章）。倫理的規律是人生命發揚的規律。

在西洋哲學裏，倫理的善惡規律，有『神律』，有『性律』，有『人爲律』。『神律』爲上帝天主直接對人類所定的規律，即舊約古經所載的『十誡』。『性律』爲人性上所有規律，由造物主所定。『人爲律』則爲人所定，或由國家的權力，或由民衆的習慣所造成。西洋傳統的倫理哲學常保持這三層倫理規律，又和宗教信仰相結合，以指示行爲的善惡。但是近代和當代的西洋哲學，則持反對的主張，祇承認人爲的倫理規律。他們認爲倫理規律祇是人在社會中的關係，和生命沒有連繫。社會關係的規則由人去定，隨著社會環境而變，倫理規律都是相對的規律。社會關係的標準由人去定，人便依照自己的私利而作標準。在希臘古哲學中有以人的物質享受爲倫理標準的伊壁鳩魯（Epicureus 341-270 B.C.），稱爲享樂主義派，三千年來常有人奉爲人生觀，目前更和幸福主義(Eudaemonism)結合，成爲歐美社會的普遍思想，在十九世紀英國有以功利爲倫理標準的邊沁（Teremy Bentham 1748-1832 A.C.）和彌爾(Tames Mill 1773-1836 A.C.)，稱爲功利主義。同時代在美國有以實效爲倫理標準的皮而士(Charles Peirce 1839-1914 A.C.)和詹姆士(William James 1842-1912)與杜威(John Dewey 1859-1952 A.C.)，稱爲實用主義。二十世紀則興起了共產主義，以生產工具作倫理標準。和這些以物質爲倫理標準相對立而主張克慾的，在古希臘有以「知足常樂」爲倫理標準的亞里斯鐵布斯（Aristiphus 435-350 B.C.），稱爲苦修主義，後來十八世紀的悲觀哲學家叔本華（Arthur Schoupeuhauer 1768-1860 A.C）以解脫痛苦渡無慾生活爲倫理標準，也屬於苦修主義。

存在主義在二十世紀興起後，倫理標準又回到『存在』。存在主義的倫理可以說是繼承康德的思想，康德以人爲理性主體，行動常有目的，行動的目的在於幸福是追求福的原則，爲一個無條件的先驗實踐法則，稱爲「設定」（Postula）這類設定，不能由理性去證明，也不能獲得經驗的證實，而只是實踐理性的要求。根據這類要求去生活，人的生命可以達到目的。海德格由我的存在談人生目的，由羣衆中「站出來」，脫離「不可信任的存在」，「站入」自己的我，以有「可信的存在」，從一無限的實有接受「自我」的意義❶。沙爾特爲無神論者，以自己的自由創造一切，但是爲避免極端的非理性爲我主義，他主張自由應當「爲己爲人皆善。」

西洋傳統的倫理哲學，保留在士林哲學內，士林哲學依據天主教信仰主張倫理有「神律」，有「性律」，有「後天人爲律」。倫理規律爲人發揚精神生活的道德，使人達到「天人合一」的目的。這一點，和儒家的主張相同，中庸曾說：「中也者，天下之大本也；和也者，天下之達道也，致中和，天地位焉，萬物育焉。」(第一章)

二、道德和生命

遵守倫理規律，人常行善，積成善德。善德爲道德，乃是倫理規律的成果。

當代學者熊十力曾解釋「德」字說：「德字義訓，曰德者，得也。若言白物具白德，則以白者，物之所以得成爲是物也。今於本體而言眞常等等萬德，則眞常等等者，是乃本體之所以得成爲宇宙本體者也。若無是諸德，何得肇萬化而成萬物，卽本體之名，無可立矣。德字含二義，曰德性，曰德用。德性之性，不可以西文性質字譯，此性字極靈活也。德用之用，亦不可以西文能力或作用翻，此用字極靈活也。此等名詞，望細心斟酌，勿便姑置。」❷熊氏所謂德性，應該是『特性』，卽一實體的特性，例如白物的白，爲物體的特性。熊氏以爲是物所以得成這物的因由。又所謂德用的用，應該是中國古人所說體用的用，爲本性的「表現」，或「活動」。熊氏主張「德」，爲實體的特性，以表現物體的本性。德，是由本體論去講，不由倫理學去研究。莊子曾說：「泰初有無，無有無名；一之所起，有一而未所，物得一以生，謂之德。」（天地篇）又說：「性修反德，德至同於初。同爲虛。……是謂玄德，同於大順。」

朱熹也曾說明『德』爲『得』，在註論語「述而篇」「志於道，據於德」說：「據者，執守之義。德者，得也，得其道於心而不失之謂也。」又註周敦頤通書「愼動章」的「用而和曰德」說：「用之所以和，以其得道於身，而無所待於外也。」在語類裏關於論語「述而篇」「德之不脩，是吾憂也。」朱熹說：「德者，道理得於吾心之謂。修者，好好修治之之謂。」（朱子語類·卷三十四）又註論語「里仁篇」：「君子懷德，小人懷土。」說「懷，思念也。懷德，謂存其固有之善。」

王船山在所著四書訓義書中，訓義論語「里仁篇」的「君子懷德」說：「君子以其心之所安，乃得之於性分，而非是則立身行己皆無可據，卽未之著之於事焉，而採存不可忘也。……夫唯所懷有如是之異焉，故君子之於德，必求得之，既得也，必無失焉，而德日進。」

（王船山・四書訓義卷八・論語四）又訓議「述而」「天生德於予」說：「予之生也，天以理生予，而予卽凝之爲德。予之德，天之德也。」（同上・卷十一・論語七）

從上面所引關於『德』的文據，可知在孔子和後代理學家的思想裏。『德』，是人的特性，在「天命之謂性」內，這類特性，是善的特性，卽合於人性之理的物性。這類特性可稱爲才，可稱爲力，須要修治培養，使能發揚。人加培養，善才發揚，人心有所得，人性乃能『盡』，人的生命才可以「止於至善」。這種思想也是孟子的思想，孟子主張人心有仁義禮智四德之端，人須要「養心」加以培養。人心是善，大學第一章稱爲明德。周敦頤說「用而和曰德」，這是中庸「發而皆中節，謂之和。」的思想，「中節」卽是善，人性是善，性而具體化爲心，心有性爲基礎，故有仁義禮智四端。培養四端，便是修德。孔子雖說：『天生德於予』，卻又說「德之不脩，是吾憂也。」

爲脩德，孟子說：「求放心」，須要把放於外面事物的心收回來，保守自心的善端，就是孔子所說：『君子懷德』，和『據於德』。保守自心善德還不夠，必須加以培養，孟子說『養心莫善於寡欲。』（盡心下）朱熹說：「好好修治之謂。」修德，最後乃能『盡性』，『盡性』乃是發揚整體人性，又因人性和物性相通，盡了人性便能盡物性，達到參贊天地化育，天人合一的至善境界。

修德有得於心，在本體方面，人性的特性得以發揚，在生活方面，養成行善的習慣，因著這類習慣，人習慣在行爲上遵守倫理規律，如同孔子所說：「七十而從心所欲，不逾矩。」（爲政）「君子無終食之閒違仁。」（里仁）「回也，其心三月不違仁，其餘則日月至焉而已矣。」（雍也）朱熹註這一節說：「三月，言其久也。仁者，心之德。心不違仁者，無私慾而有其德也。」孟子曾經講過修德須要克制私慾。常常克制私慾，養成習慣，仁義禮智之端乃能成長，成爲精神力量，發揚人的心靈生命。

沒有善德的人，心靈生命遭私慾所蔽塞，不能發揚，仁義禮智四端，可能如孟子所說牛山濯濯，沒有善德發芽生長，「非人也！」

儒家主張善德爲人性所有特性，在人心爲善端，即是人心靈生命之力，須予以修養。有修養，善端能發育，人心便有所得，人的心靈生命便能發揚。

西洋倫理學解釋「德」爲善習慣。聖多瑪斯講『德』是人在行善時，養成的習慣，使人易於爲善。德的習慣屬於人感情方面的習慣。❸

習慣爲一種後天的特性，由人經過行爲所養成，作爲行爲的方式。習慣的方式，不足成爲善德；因爲這類方式祇是行爲的容易或方便，祇是一個空架子。作惡的人也可以養成作惡的習慣，例如慣竊的手段愈來愈純熟。所以德要是善的習慣，善的習慣不是習慣的善，而是習慣的主體是善。習慣的主體是人的行爲，行爲有善有惡，行爲符合倫理規律爲善，不符合倫理規律爲惡。人作一種善的行爲，作久了，作多了，養成了作事的方式，方式便是習慣。

這種善的行爲同習慣一起，乃稱爲『德』。德的善，來自善的行爲；德的分類，也來自善的行爲。例如一個人對於窮人常表示愛心，他便有慈愛的善德。

行爲由一項能力而發，善德的能力屬於感情，卽中國普通所謂「喜怒哀樂」，實際上愛和恨，貪和惡，在感情中更佔地位。這些感情『發而皆中節』則是善，善而作成習慣，則稱善德。所以在西洋哲學，『德』字的本義，有『力』的意思。德便可以說是「生命的力，發動時常符合倫理規律。」這種意義和中國儒家的『德』，所有意義相近。但是西洋講倫理，不從本體論去講，而從行爲和倫理規律所有關係去講，因爲倫理的關係，是善惡的關係，倫理的善惡不是本體的善惡，而是倫理關係的善惡。中國哲學講性善性惡，則從本體論講倫理善惡，便講不通『惡』的來由。然而倫理的善惡，雖由倫理關係去講，倫理關係的基礎是倫理規律，倫理規律的基礎是人的本體生命。善必對心靈生命有益，惡必對心靈生命有害；善是心靈生命發揚的途徑，惡是心靈生命被摧殘的途徑。

德，是生命力。感情，也是生命力。德的種類卻不按感情去分類；因爲每種德，可以包含所有感情。例如仁德，可以有愛，可以有恨，可以有怒，可以有忍，可以有貪，可以有厭；衹要這些感情發動時，符合『仁』的規律。因此，德，稱爲習慣時，是感情發動時的習慣；德的本質，則不是感情的習慣，而是發揚心靈生命的力，如孟子所說『仁義禮智之端』。

在天主敎的信仰裏，有信望愛三德。這三德稱爲『天賦三德』，是人在領受洗禮時，天主所賜予的三德。這三德不可祇視爲習慣，而應視爲超性的力，即超性的信望愛之端。人領洋後，依賴天主的助祐，對於天主發揮信望愛三德，以發展自己的超性生命。超性生命由信望愛三德而成，沒有這三德，就沒有超性生命。在人的本性方面，孟子說本性心靈生命，由仁義禮智四德而成，沒有這四德，就沒有人的心靈生命，孟子就說：『非人也』！

我曾在論「孟子的德論」說：「但無論孟子或中庸，都以德爲發育或顯示人心所固有之善，不是行善而養成善習之德。儒家的修身之道，是養育心靈的生命，不僅是『「動而皆中節』。」❹

周克勤神父在所著的「道德要義」中册裏說：「大體言之，人生而既有屬於人性之道，亦有屬於人心的德——得道於心爲德。這是人之道德或做人的起點，也是人之聖，善的開端。道德的極致或做人的(內在)目的，即於盡人的有德之心，以盡或全人的有道(或理)之性：即在於充擴完成人生而就有的至善之端，實際做一聖人完人。」❺

因此我說：「西洋哲學將倫理學和形上本體論分開，倫理學祇有一些行爲的規律和習慣善德。中國儒家哲學則沒有這種分類，一些都就生命去體驗，存有爲生命，善德乃心靈生命的發揚。」❻我講生命哲學的道德論，就是按照儒家的思想講道德。

三、仁和生命

儒家的道德，常講仁義禮智四德，以配易經的元亨利貞。漢朝儒家雖講五行，以五德配五行，稱爲仁義禮智信五常，但不以信爲一種德，而以爲各種德的條件。在仁義禮智四德中，又以仁爲最重要，稱仁爲「德樞」，或稱爲「德綱」，包含各種善德，作善德的代表。孔子已經最看重仁，以仁爲他的「一貫之道」。在論語裏多次解釋了仁的內容。孔子解釋仁的內容，是由倫理行爲去解釋，易經「乾卦文言」說：「元者，善之長也；亨者，嘉之會也；利者，義之和也；貞者，事之幹也。君子體仁足以長人，嘉會足以合禮，利物足以合義，貞固足以幹事。君子行此四德者，故曰乾，元亨利貞。」

易傳以元配仁，又以元配乾。「彖曰：大哉乾元，萬物資始，乃統天。」乾爲生命之元，元爲生命的『資始』。易傳繫辭乃說：「天地之大德曰生，聖人之大寶曰位。何以守位？曰：仁。」(繫辭下・第一章)易經主張聖人法天，天地的大德是生，聖人法天是仁；仁和生相配合。這種思想經過漢儒董仲舒到宋朝。宋朝理學家正式提出「仁是生」。

周敦頤說：「生，仁也。」(周子全書・卷八・通書・順化)

程伊川在易傳說：「元者萬物之始，亨者萬物之長，利者萬物之遂，貞者萬物之成。」(周易程氏傳・第一)又說：「心譬如穀種，生之性曰仁。」(二程集一・遺書卷十八)

朱熹繼承這種思想，以生爲仁：

「生底意思是仁。」(朱子語類・卷第六)

「如穀種、桃仁、杏仁之類，種著便生，不是死物，所以名之曰仁，見得都是生意。」（朱子語類．卷第六）

「仁是箇生底意思，如四時之有春。彼其長於夏，遂於秋，成於冬，雖各具氣候，然春生之氣皆通貫其中。仁便有箇動而善之意。」（朱子語類．卷第二十）

朱熹不以仁爲愛，而是愛之理。

「仁乃愛之理，生之道。」（答胡廣仲．朱子大全．文集卷四十二）

愛之理，卽是人爲什麼愛？一切物體都愛自己的存在，追求保全，予以發揚，天然地逃避傷害。人的存在爲生命，人都愛自己的生命。同時萬物的存在，也是生命，天地愛惜萬物的生命，常以化生萬物爲心，所以說：「天地之大德曰生，」朱熹說人得天地之心以爲心，人心故是仁心。

「蓋謂仁者，天地生物之心，而人物所得以爲心，則是天地生物莫不同有是心，而心德未嘗不貫通也，」（朱子語類．卷第九十五）

「天地以生物爲心者也，而人物之生，又各得夫天地之心以爲心者也。故語心之德，雖其總攝貫通，無所不備，然一言以蔽之，則曰仁而已矣。」（仁說．朱子大全．文集卷六十七）

宇宙乃一活動的宇宙，由陰陽相結合而生物。物體內的陰陽仍舊繼續活動，物體乃有生命，整體宇宙爲一生命，每一物體的生命和宇宙的生命相連。朱熹認爲天地沒有別的活動，只爲化生萬物。「某謂天地別無勾當，只是以生物爲心，一元之氣，運轉流通，略無停間，只是生出許多萬物而已。」（朱子語類‧第一卷）

在人們的眼中，宇宙的變化，顯示在一年的四季裏，四季所顯示的，是五穀的生長收成。這種現象年年繼續，宇宙萬物化生不停。天地的善德，就是這個『化生』，表示天地的愛心。天地代表上帝，上帝的愛心，在這『化生』的工程中，表示出來。萬物因著天地的化生工程而生生，萬物自身也就充滿了生命力，繼續發揚自己的生命，這就是萬物的仁。宇宙萬物的生命，彼此相連，也彼此相助。在發揚生命時，按照自然的天理，表現出互相調節的和諧。人則有理性，有自由。人的天然傾向是愛自己的生命，也愛別的人物的生命。在理性的自由生活中，人要培養這種愛惜生命的天生愛心。因此，人追求發揚生命，爲『仁心』，培養仁心便是仁愛之德。

人的一切能力，一切活動，都在於保全和發展的生命；人的生命爲心靈的生命，保全和發展心靈生命，乃是善德。仁，爲發揚生命，稱爲元，稱爲春；仁便包括一切的善德，爲一切善德的總綱。一切的善德，都可以歸屬到仁。

天主教的心靈生命，是人的心靈生命，因著洗禮結合天主的神性生命。這種生命的保全和發揚，也在於『仁愛』。仁愛加強人的心靈生命和天主神性生命的結合，結合越密切，整體心靈生命越高。仁愛是心靈生命的力量，使心靈生命發揚。力量向外發展，生命向上，和天主結合，生命向旁，和人物的生命相結合，結合爲愛，天主教的道德規律以愛天主爲第一規誡，愛人爲第二規誡，兩條規誡又合成一條，因爲愛心同是一個。在愛心包括其他的規誡，也總括其他的善德。倫理的生活乃是本體的生活，因爲倫理規律就是心靈生命的規律，倫理道德就是心靈生命的發揚。

附註

❶ 周克勤 道德要義 中册，頁一五六・臺灣商務印書館。
❷ 熊十力 新唯識論，頁三七四。
❸ S. Thomas Summa Theologica. 1-2. 9.58. a.3.
❹ 羅 光 儒家哲學的體系續編，頁一〇七，學生書局。
❺ 周克勤 道德要義・中册，頁六九，臺灣商務印書館。
❻ 羅 光 儒家哲學的體系續編，頁一〇七。

第九章　美與生命

一、美的意義

康德替美下了如下的定義：「美是不涉及概念而普遍地使人愉快的。」康德又分美的純粹和依存美，他給這兩種美下了如下的定義：「有兩種美：自由的美和只是依存的美，前者不以對象究竟是什麼的概念爲前提，後者卻要以這種概念以及相應的對象的完善爲前提；前者是事物本身固有的美，後者卻依存於一個概念(有條件的美)，就屬於受某一特殊目的概念約制的那些概念。」❶

黑格爾替美下的定義：「美是理念，即概念和體現概念的實在二者的直接統一，但是這種統一須直接在感性的顯現中存在著，才是美的理念。」❷朱光潛簡單地說：「美就是理念的感性顯現。」❸理念就是絕對精神。

歌德對於美，有兩個重要的概念：「一個是較高的意旨，一個是完整體。什麼叫做使自然的材料爲藝術家的較高意旨服務呢？所謂『較高』是較自然爲高。這裏自然是看作和人對立的，較自然爲高爲意旨就是人作爲社會的人所特有意旨，也就是道德的意旨。……純自然的東西只要同時是在道德上使人喜愛的，就叫做純樸的，所以純樸的對象才是藝術領域的。藝術應該是自然的東西的道德表現。……整體就是統一體。它包括理性與感性的統一，主觀與客觀的統一，自然性與社會性的統一以及藝術與自然的統一。……歌德並不認爲藝術單靠形象思維或單靠抽象思維就行，藝術家須以整個的人格進行創作，在欣賞方面也是如此，他說：「人是一個整體，一個多方面的內在聯繫著的能力的統一體。藝術作品必須向人的這個整體說話，必須適應人的這種豐富的統一體，這種單一的雜多」❹

我們回頭再看前些世紀的神哲學家，對美的看法。

「聖奧古斯丁給一般美所下的定義是『整一』或『和諧』，給物體美所下的定義是：『各部份的適當比例，再加上一種悅目的顏色。』……在和諧的整體中，醜的部份有助於造成和諧或美，也是如此；單從醜的局部看，就看不出美而只看出醜。這裏醜在整體美裏是作爲被克服而納到統一體裏的一個對立面來了解的。」❺

聖多瑪斯（托瑪斯・亞昆那）的美學觀點爲：「美有三個因素：第一是一種完整的美，凡是不完整的東西就是醜的；其次是適當的比例或和諧；第三是鮮明，所以著色鮮明的東西是公認爲美的。美與善是不可分割的，因爲二者都以形式爲基礎……但是美與善畢竟有區別，因爲善涉及欲念，是人都對它起欲念的對象，所以善是作爲一種目的來看待的；所謂欲念就是迫向目的的衝動。美卻只涉及認識功能，因爲凡是一眼見到就使人愉快的東西才叫做美的。」❻

我們轉向中國傳統思想中，關於美的觀念。孟子說：「可欲之謂善，有諸己之謂信，充實之謂美，充實而有光輝之謂大，大而化之之謂聖，聖而不可知之之謂神。」（盡心下）「觀水有術，必觀其瀾，日月有明，容光必照焉。」（盡心上）

中國歷代講論文藝的美，常以氣運爲主，張裕釗說：「古之論文者曰：文以意爲主，而辭欲能副其意，意欲能舉其辭。……蓋曰意，曰辭，曰氣，曰法，此數者，非判然自爲一事，常乘乎其機，而混同於一。惟其妙，出於自然而已。自然者，無意於是，而莫不備至；動皆中乎節，而莫或知其然。」❼

昔人分畫爲三品：「夏文彥曰：氣韻生動，出於天成，人莫窺其巧者，謂之神品。筆墨超絕，傅染得宜，意趣有餘者，謂之妙品。得其形而不失規矩者，謂之能品。」❽

我抄錄了上面幾條對於美的觀念；我在我的士林哲學實踐篇的第三編美術論，所列舉西方的美術思想還更多，可供大家參考。❾我在這篇文章裏，不討論美的意義和本質，我只就美和生命的問題，予以討論。

在各家的美的定義或思想裏，有幾點共識。第一，美不能是呆板的，而該是活的；第二，美該是整體和諧的。

二、美是活的

黑格爾反對自然美是美，他說：「在自然界中，概念在實在中得到存在因而成爲理念的方式有幾種，我們須加以區別，第一，概念直接沉沒在客觀存在裏，以致見不出主體的觀念性的統一，毫無靈魂地完全轉化爲感性的物質的東西。……其次，較高一級的自然物卻讓概念所含的差異而處於自由狀態，每一差異在其他差異面之外獨立存在，……而同時卻都統攝於同一系統。……只有第三種自然顯現的方式是理念的一種客體存在形式，而這顯現於自然的理念就是生命。」⑩

黑格爾的美，是絕對精神在宇宙內的自覺，卽是宇宙自覺是精神，宇宙回到絕對精神。黑格爾認爲自然界的無機體不能表現精神，只有有機體才能表現。主觀的概念在有機體內可以見到生命，乃有概念和現實的統一而有理念，理念就是美。我雖然不讚成這種唯心的絕對精神論，也不同意自然界的無機體沒有美，但是我贊成美是生命。

中外討論美的哲學家，都主張美使人感到愉快，也都主張美不用理智去認識。康德分別通常的愉快感和審美的愉快感，「美感卽起於對形式的觀照而不起於欲念的滿足。所以美感不等於一般快感，美在性質上也不等於愉快。……愉快的東西使人滿足，美的東西單純地使人喜愛，善的東西受人尊敬（贊許）⓫美學內有「移情說」，由心理學的基礎上，談審美的人，把自己的情感移到自然界的物體上，中國的詩人騷客常有這種文藝作品。心理學家福洛益特創慾情昇華論，以美術爲性慾的變相表現。社會美術論的創始人居揚(J. Guyan. 1854-1888)以社會公益爲美術目標，然而美術對人的反應，是感官的刺激和情感的刺激。當代的西洋美術思想：主觀表現論（Expressionism），立體派（Cubism），未來派（Futurism），超現實派（Surealism），抽象派（Abstractism），把美術由形式表現轉入觀念表現，由感官除與趣轉入理智的領悟，但是仍舊不能應去感情的反應；因爲美術沒有感情反應，已經不是美術而是哲學。

中國歷代的文學和繪畫，都是以情感爲主。詩歌因情動於中而形於外，舞蹈因情不能已而起舞。項羽在兵敗自殺以前，「項王則夜起飲帳中，有美人名虞，常幸從，駿馬名騅，於是項王乃悲歌忼慨，自爲詩曰：力拔山兮氣蓋世，時不利兮騅不逝，騅不逝兮可奈何？虞兮虞兮宗若何！歌數闋，美人和之，項王泣數行，左右皆泣，莫能仰視。」（項羽本記・史記）

荊軻刺秦王，燕太子丹和賓客在江邊餞行：「太子及賓客知其事者，皆白衣冠而送之，至易水之上。既祖，取道，高漸離擊筑，荊軻和而歌，爲變徵之聲，士皆垂淚涕泣。又前而歌曰：『風蕭蕭兮易水寒，壯士一去兮不復還！』復爲羽聲，忼慷，士皆瞋目，髮盡上指冠。於是荊軻就車而去，終已不顧。」（史記・荊軻列傳）

詩人常是因有感而作詩歌，把自己的情感和自然界的景物相連，同憂同樂。杜甫有登岳陽樓五言律詩：「昔聞洞庭水，今上岳陽樓，吳楚東南坼，乾坤日夜浮。親朋無一字，老病有孤舟。戎馬關山北，憑軒泣泗泫。」南唐李後主，失國以後，作客滿心愁，有詞一首「浪淘沙」，「簾外雨潺潺，春意闌珊。羅衾不耐五更寒；夢裏不知身是客，一晌貪歡。獨自莫凭欄，無限江山，別時容易見時難。流水落花春去也，天上人間！」

散文裏也要感情，遊記的文章流露作者的心情，一如范仲淹的岳陽樓記，在霪雨霏霏的時候，「登斯樓也，則有去國懷鄉，憂讒畏譏，滿目蕭然，感極而悲者矣；」在春和景明的時候，「登斯樓也，則有心曠神怡，寵辱皆忘，把酒臨風，其喜洋洋者矣。」

就是在說理議論的文章裏，必須有『氣』，文氣或者如同蘇軾所說：「大略如行雲流水，初無定質，但常行於所當行，常止於不可不止。」（與謝民師書）或者如同韓愈的文章，「文氣雄厚」，他自己說自己的文章：「先生之於文，可謂閎其中而肆其外矣。」（進學解）曹丕曾說：「文以氣爲主」。文章的文氣，在繪畫雕刻的藝術品裏，則是生氣。藝術品最忌呆板，無論是山水、花鳥、人物畫，都要看來有生氣流於畫中。所謂最高的神品，是「氣運生動，出於天成，人莫窺其巧。」（夏文彥・芥子園畫譜）

這種思想源自易經，易經繫辭說：「範圍天地之化而不過，曲成萬物而不遺，通乎晝夜之道而知，故神無方而易無體。」（繫辭上 第四章）「易，無思也，無爲也，寂然不動，感而遂通天下之故，非天下之至神，其孰能與於此。」(繫辭上・第十章)易經以宇宙由變易之力所暢通，變易之力是生生之力，生生之力使萬物化生，神妙莫測。萬物內都有生命，彼此相通相感。藝術品要能顯露這種週流的生命，才可以稱爲美。

美，屬於感情，不屬於理智。但是一個人爲一整體，屬於感情的美，也須通過理智；然而不在理智上引起反應，不由理智去分析，而是由感情去體驗。美對於感情所引起的反應，普遍是一種愉快的感覺，進而引發一種與趣，對於美乃有欣賞的快樂。愉快是感官的感受，樂趣則是心靈的感受。這些感受都屬於感情。

感情爲每一個人最切己的活動，理智當然也是每個人的內部活動。但是理智活動可以借用他人的資料，學術的知識，科學的發明，學習的方法，每個人都能借用他人的知識、發明和方法，而是應該借用。在文化史上，理智的成果是可以由歷史積蓄，一代一代增高；因此學術乃能一步一步往前進。我們中華民國爲改進科技，就要借用歐美科技先進國的科技知識和技術。感情的活動卻不能借用他人的感情資料。父母的善德，不能作爲子女善德的資本，讓子女在善德上前進。前一代人的善德，不能作後一代人修德的資料。在修德上，每個人要從頭做起。每個人的感情都是每個人自己的，沒有一個人可以把別人的愛作爲自己的愛，把別人的恨作爲自己的恨，人人雖然有同情心，可以同人家同喜同憂，可是每個人由同情心所有喜或憂，仍舊是每個人自己的。感情，原來就是生命的活動。中國儒家的哲學講人生之道，人生之道當然是修身，修身則在於正心。朱熹主張「心統性情」，性爲心之理，情爲心之動。修身正心，便是中庸所說：「喜怒哀樂發而皆中節，謂之和。」(第一章) 儒家修身正心的目標，乃是管制情欲，孟子就說過『養心莫善於寡欲。』(盡心下) 從這裏可以看到感情對於人生的關係。

感情爲人生命的活動，爲每個人自己的活動，不能假手他人。做學術研究，寫文章，草演講稿，可以用人代做；每個人感情的表現，則是每個人由自己心裏發出。所以感情最能代表一個人。

美，引起感情的反應，使人心裏感到興趣，這種反應，深入人的生命裏，使人的心靈和美的客體互相融合。美的客體可以是實體，可以是虛構。實體或虛構所以能夠引起情感的反應，成爲一種美感，必定是在這件實體或虛構中，有和人的生命相同的生命，才能引起人生命的反應，使心靈感到興趣。

美的客體應有生命，黑格爾以爲美就是理念，理念就是生命，生命則是概念和客觀現實的合一，見到精神的自由。黑格爾不承認自然界有美，只承認人造藝術爲美；因爲只有在藝術裏，作者可以將自己的概念(精神)和客觀現實相結合，顯現生命。美是生命，這點是對的；但是說自然界沒有生命，因而否認自然之美，則就不對。自然界有美，不僅花是美，鳥是美，就連山水也有美，暴風驟雨也有美，乃是一般人的共識。

黑格爾以生命爲自由，因爲他主張實有體只有絕對精神，生命爲絕對精神所有，精神必是自由，我認爲生命爲內在的動，內在的動顯露於外，就成爲美。行雲流水有動的美，月圓月缺有變的美。桂林山水有威嚴正氣的美。一幅山水畫雖然是靜，然而必須在畫裏隱現一種「動」，藝術家稱爲「生氣」或「氣運」。例如說「王維的畫中有詩，詩中有畫。」又例如說：「這幅人像，奕奕如生」。「動」是黑格爾所說的「自由」，即是「生命」。

人有生命，生命是活的。外界事物要和人的生命發生交流，引起感情的反應，也必須是活的。死板的事物，不能引起情感的反應。

但是移情的學說，以爲自然之美，是人把自己的感情，移進自然的物體內，把自然物體擬作爲人。李白送友人的五言律詩說：「浮雲遊子意，落日故人情。」，確實是移情作用，詩人把自己的感情移入浮雲和落日。但是自然界有許多美則是客體本身的美，一朵美麗的蘭花或玫瑰花，是自身有美。高山的日出，大海的滿月，秀麗或威嚴的山峯，也都是自身有美。王維「詠終南山」就是詠終南山的美：「太乙近天都，連山到海隅。白雲迴望合，青靄入看無，分野中峯變，陰晴衆壑殊，欲投人處宿，隔水問樵夫。」

當代美術思想的超寫實派、立體派、未來派、抽象派等，則以觀念爲主，美術表現作者的觀念，例如一張白紙上，任意點上幾點墨，就算一張畫，或者一幅畫上，畫滿了各色圖樣，分不清是人是物。這種藝術作品，是否爲美術？是否有美？大家可以討論；然而若眞是美，則必定畫中隱顯一種動的境界，否則決不是美。不過，這些藝術作品，音先所引起的反應，是理智的反應，觀賞的人先要冥想作者的觀念，然後才能懂得一項藝術品的意義。但是，在懂得藝術品的意義後，必須引起感情的反應，不然，則只是一個觀念，決不能成爲美術品。

美的接觸，不僅是感官的接觸，也不是一種美的感官的接觸，而是生命的接觸。生命的接觸爲整體的接觸。一個人欣賞美，是他整個的人在欣賞，用生命去接觸，其中用感官，用理智，尤其動感情。美的事物是生命的表現，和欣賞者的生命直接接觸，欣賞的人所體會的各有不同；因爲各人的生命不完全相同，都是有個性，美的欣賞也就各人不同。

三、美是統一的整體

朱光潛在講歌德的美術論時，說歌德在早年的言論裏「已把特徵和有生命的整體兩個概念聯繫在一起，要排除不相干的東西。」⑫「從亞理士多德以後，整體概念就成爲美學思想中一個重要的傳統概念。但是在過去。『雜多中的整一』或『萬變化於整齊』，基本上只是從形式方面著眼。……但是歌德所了解的形式從來不是抽象的、獨立的，而是要『產氣貫注的』，『顯出特徵的』，也就是與內容融成一片的。……歌德還把整體觀念運用到藝術的創造和欣賞方面，他一方面強調創造想像力的重要性，另一方面也指出想像力須依靠感覺力、理解力和理性，才會被引到眞實和現實的領域。」⑬

美是整體性的。第一，形式的整體性。美的客體具有形式，因爲美首先所接觸的是感官，引起快感。感官的對象必定具有形式，一幅畫具有圖形，一曲音樂具有音調，一座雕刻具有造形，一所樓臺具有建築圖形。在自然界，一件美物或一幅美景，都具有外在的形式。美的物體，在形式上應有整體性。黑格爾曾說到一件物體的構成份子，各自互相分別，但是物體內有一種統一力，否認各份子的分別，統一各份子爲一整體，如同靈魂在身體內，統一四肢百體而成爲一個身體，靈魂就是生命。因著統一，物體才能有美。

最明顯的是音樂美。音樂要各種聲音因著一個曲譜而結成一曲樂歌，然後才能談樂曲的美。若是各種聲音都獨立不協調，嘈雜亂響，連樂曲都不是，怎麼能談樂曲的美。一幅畫的美，首先也要所畫的人物，所用顏色，都能協調，才成爲一幅畫，然後才可以談畫的美。

聖多瑪斯講美，特別注重次序和協調。沒有次序，就不能有整體，那只是雜湊。沒有協調，就不能表現次序的意義，那只是呆板的幾何圖。

中國古代傳統思想的『中庸』，在易經裏就是『中正』，中正則是宇宙變化在時空中陰陽的調協。宇宙間的一切變化都是陰陽的聚散，陰陽的聚散須要適合時和地，所以便要互相協調，否則便不能有化生萬物的作用。宇宙一切變化，生生不已，成爲生命的長流。凡是生命必須有調協。

次序的協調，不是呆板的協調，而是生活的協調；所以『中庸』的中，也不是呆板地處於兩邊的「中」，而是適合時地的「適」，卽普通所說『恰得其當。』一幅畫的顏色，濃淡要恰得其當，畫中各部份的顏色，也要恰得其當。就所謂恰得其當，是從整體方面說，就是說從這一幅畫整體方面去看顏色的調協。

美，應該有特徵，特徵在藝術家表現風格，風格可以是運用「形式」的方法，可以是協調的方式，也可以是凸出的觀念；但是風格也必須是整體的風格。每一個藝術作家各有自己的風格，憑著各自的風格，創作了藝術的美。在自然界的美，也少不了風格，玫瑰花有自己的風格，荷花有自己的風格，洞庭湖的景色和泰山的景色，風格各不相同。這種自然的風格，是自然物自己所有；但是要經過人們的心靈，才成爲美的風格；因爲人的心靈能夠體會到。

當代西洋新派藝術家，以觀念作爲風格。當觀念用現實形式表現時，無論形式若何簡單或非常複雜，觀念必定要使藝術作品統一而成一整體，然後才可以談觀念的美。

孟子曾說：「充實之謂美，充實而有光輝之謂大。」朱熹的注釋從倫理方面去講，說「力行其善，至於充滿而積實，則美在其中，而無待於外矣。和順積中，而英華發外，美在其中，暢於四支，發於事業，則德業至盛而不可加矣。」但是我們從本體方面去看，每一實體在本體上是眞美善，因爲具有所該有的，而且都有次序，都沒有缺憾。實體在本體上一定是充實的，所以常是美的。這種美是本體之美，是形上之美。因此，凡是實體都是美，精神體也必定美；而且精神體的充實和次序，常超過物質體，精神體便較物質物更美。絕對的精神實體，乃是絕對的美。

本體之美在物質物內，以形式表現於外，表現美的形式便應該充實。充實的形式又藉著風格而有光輝，則更美而稱爲大。實體充滿而大，若是呆板無力，則是一件死物，不能成爲美。

美，以生命爲根基。美的實體，必須是整體一統的實體，內容充實，協調有序，又具有凸出的特徵，假使美的對象爲一觀念，這一個觀念也應該構成自己的整體，觀念的主要點將凸出形成特徵。這個要求賴生命而完成，因爲實體的整體一統性來自存在，存在就是生命。

另外，美的特別要素在於生動或生氣，生動和生氣則是生命的活動，也就是生命的表現。自然界的美，不是全靠人的移情作用，自然界本身具有美的條件和要素，並不像黑格爾所說無機體不能自己統一，須要人以觀念而予以統一力。實際上山水美景的統一性，不是來自人的觀念，而是來自山水自體的結構。至於山水或花草給人所引發的情感，則受觀賞的人的感情之反映。自然界的物體以創生力而化生，內部因創生力而常動，內部的自動也能稍形於外。自然界的美也是生命的顯露。

美，當然不是純粹模仿自然，美術家常是以自己的天才，去創造美的形式，自然界的美，可以作為美術家的模仿，但是最重要的則在於美術家的創造，卽使模仿自然美的形式，在模仿中也必要表現天才的創造性。

美的欣賞，乃是生命的接觸，不僅是感覺，更不僅是理智，美的實體的眞實生命或虛構體的虛構生命和欣賞者的生命相接觸，在欣賞者的生命上引起刺激，發生感情的反應。美的欣賞深入生命的底蘊，不只在感官上引起快感，而是使人的整個實體有所感受。美感不能是虛僞的，必是實實在在的感受，眞是『誠』。中庸說：「誠則形，形則著，著則明，明則動，動則變，變則化。」(第二十三章) 這種化，就是儒家所說的「神化」。神化的思想，易經說：「範圍天地之化而不過。」(繫辭上·第四章) 中庸說：「大德敦化。」(第三十章) 孟子說：「可欲之謂善，有諸己之謂信，充實之謂美，充實而有光輝之謂大，大而化之之謂聖，聖而不可知之謂神。」(盡心下) 孟子的『聖』，為至誠之人，至誠之人為發揚人的靈性生命到至高點的人，至誠之人的感化力，神奇莫測，稱為神化。神化的力，有善有美。美的本質，乃是生命。

附註

❶ 朱光潛 西方美學史下册，漢京文化事業出版，頁一七一一八。

❷ 黑格爾 美學，朱孟實譯，里仁書局，上册頁一六二。

❸ 同❶，頁一二九。

❹ 同❶，頁七九、八〇、八一、八三。

❺ 同上，上册，頁一一三—一一五。

❻ 同上，頁一一六。

❼ 張裕釗答吳至甫書。

❽ 芥子園畫譜。

❾ 羅 光 士林哲學 實踐篇，學生書局。

❿ 黑格爾 美學，上册，頁一六二、一六三、一六五。

⓫ 朱光潛 西方美學史下册，頁一二。

⓬ 朱光潛 西方美學史下册，頁七一。

⓭ 同上，頁八一、八二、八三。

第十章　歷史與生命

一、歷史的意義

歷史是什麼？大家以爲歷史就是以往的事實，或者就是記述以往事實的書籍。中國的廿四史，是廿四種史書。史書所記述的事實，當然是以往的事實；可是以往的事實，是不是就是歷史？當然不都是歷史。只有某些以往的事實，可以是歷史。

整個宇宙在時間裏變動，一切變動都含有過去，一切變動的過去，不可能都是歷史。在科學上，有天文學史、地質學史、生物學史，敍述這各方面的變遷；但是這些變遷，卻不成爲歷史。自然界的變遷，按照自然規律，必然出現，沒有新的事實。知道了自然規律，可以預先推測。歷史的事實則是新的事實，不能預先測定必然會有。因此歷史只是人的歷史。

耶里克·卡勒爾（Erich Gabnel von kahler）說：「歷史即是事件，一種特殊的事件，附屬者環繞它而生。沒有事件則無歷史。純永生——就其能被想像的程度而言，——亦即缺乏所有變化的且一直靜止的永恆；這種意指着像涅槃般的空泛，是沒有歷史的。相反的，純事件，一全然混亂的，示因的，變化不定的『事件混合』，也是不能形成歷史的。要成爲歷史，首先，事件之間先須互有關連，而構成一串連，一延續性的流。延續性，契合(Coherence)，乃是歷史的基本先決條件。」❶

柯靈烏(R. G. Collingwood)曾說：「因此自然現象的過程足可以說是事件的時序變化，而歷史的過程卻不可以。歷史不只是事件的變化，而是行爲的時序變化。行爲的變化有內在的一面，包含着思想的過程，這也就是史家所要探究的，整個歷史就是思想的歷史。」❷

「歷史並不是一如過去所常誤解的那樣，是有關事件遞變的故事或變化的記載，歷史家跟自然科學家不同，他對事件本身並不重視，他只關心思想所形之於外的那些事件。基本上他只對思想感到興趣，至於外在的事件他的興趣只是附帶性質，只是因爲這些事件能多少指引他對思想本身的掌握。思想當然在某種意義上也是時間之流上發生的事件。但由於史家了解思想的唯一途徑是史家自身在心中使思想重演再現。」❸

「所謂『歷史的知識』就是了解人類心智過去的作爲，同時把過去行爲重演在現在。因此歷史知識的對象並不只是物體，心智之外的物體；它的對象是思想的活動；思想的活動必須透過心智的重演才能加以認知。」❹

黑格爾對於歷史則說：「世界歷史可說便是『精神』在繼續作出牠的潛伏的自己之『精神』表現。」❺黑格爾所說的「精神表現」乃是自由。

歷史不是過去單獨的客觀事件，但是也不是事件的主觀思想。單獨的客觀事件，自然界時時刻刻都有，人類社會裏也時時刻刻都發生；把這些事件一樁一樁紀錄下來可以成一本書。但不是歷史，只能算是歷史的資料。因着外面的事件而發生思想，有理性的人個個都可以做，把這些思想寫下來也可以成一本書，但不是歷史，只是一些「雜感」。

歷史一定要有以往的事實，這些以往的事實是人生活的行爲，由人用理智和意志所計劃的，就是人心靈生活的表現。它有原因，有目的，互相連繫。寫歷史和研究歷史的人，注意這些事實，確定事實的眞僞，然後更要注意這些事實在事實作者的心靈上的意義，因爲這些事實是作者的行爲。

歷史是人類的專有物，沒有理性的物體沒有歷史，超越時間變化的精神實體也沒有歷史。歷史乃是人類生活的歷程，也就人生命發展的歷程。一切實體的存在都是變動，但是最低紙的物體礦物，只有內在的動，沒有變。低級的物體植物有動也有變，沒有感覺；高級的物體動物，有變動，有感覺，沒有意識。再高級的物體—人，是心物合一體，有變動，有感覺，有意識，上級的實體爲精神體，有活動，有意識，沒有變。最高級實體，爲絕對精神體，有「行」，有完全的意識，歷史須有變，有新，所以只有人是心物合一體，才能創造新的事件，才能有歷史。

歷史並不能沒有意義，卡爾・波普（Karl Raimund Popper）說：「我不想在這裏涉及『意義』的意義問題，當大多數說起『歷史的意義』或『人生的意義或目的』的時候，他們很明確地懂得所指的是什麼意思；我認爲這是當然的。在這個意義上，卽在提出歷史的意義這個問題的意義上，我回答說：『歷史沒有意義。』……但常常有人認爲上帝在歷史中顯現『自己』；歷史有意義，其意義是上帝的旨意，這些是基督教教義的一個部份。因此，歷史主義被認爲是宗教的一個必要因素。但我不承認這一點。我堅持，不僅從理性主義者或人道主義者的觀點來看，而且從基督教觀點來看，這種見解純粹是偶像崇拜和迷信。」❻

但是卡爾・雅斯培（Karl Jasper）則說：「爲什麼要硏究歷史呢？因爲人生是有限的，不完全的，同時也是不可能完全的，所以他必須通過時代的變遷才能領悟到永恒。」❼硏究歷史，可以認識人的存在的統一性。

歷史旣是人類生活的歷程，人類的生活由人的自由意志所作，人的自由意志沒有任何目的時不作決定，人類生活大小事都有或顯或隱的目的。這些行爲的目的，便是這些行爲的意義。從客體方面去看，每件行爲有自己的意義，例如吃飯在客觀上是消化作用，目的在於養育身體。又如這次波斯灣戰爭，在客觀上是最新武器的比賽，目的爲把伊拉克的軍隊從科威特國驅逐出去。但是爲歷史的人和硏究歷史的人，則要硏究吃飯的人那一次吃飯有特別的目的，例如鴻門宴的宴會；又要研究波斯灣戰爭的前因後果，和別一次戰爭不同。

歷史的事件不僅如同柯靈烏所說有內外兩面，外面是事件的外面行動，內面是事件的思想；而思想有客觀和主觀兩面，客觀的思想是事件本身的意義，主觀的思想是歷史事件作者的目的。歷史的意義在於歷史作者的主觀目的。歷史事件的客觀意義，是自然科學的意義；歷史事件的主觀目的，造成歷史的意義。因爲歷史是人的行爲。

人的行爲，是自由的，不守一定的規律。人的行爲又常是偶發的，不是依照一連串的系統原則而成的；所以每樁事件是單獨的。但是人的行爲既然是人的行爲，人行爲的基本是人的人性，柯靈烏所以說歷史以「人性」爲基礎。「人性」是人人相同的，孟子早已說過：「故凡同類者，舉相似也，何獨至於人而疑之。……故曰：口之於味也，有同耆焉；耳之於聲也，有同聽焉；目之於色也，有同美焉；至於心，獨無所同然乎？心之所同然者何也？謂理也，義也。」（告子上）雅斯培因此說歷史所表現的是人的存在的統一性。

現代哲學家常否認一致不變的人性，而且認爲人性不能被認識；但是誰也不能否認人的生活和狗的生活有不同點，這種不同點在任何人生活上都要表現出來。講哲學的人在抽象方面去講這種不同點，大家很可能各講各的，而且還要互相詆毀都在紙上或空中指畫；可是，從人的具體方面去研究，必定可以把握幾點具體事件是人可以作，狗則不能作。歷史就是具體生活的事件，表現人性的共同點。歷史的基硬，便是人的生活。生活是生命的表現，歷史便表現人的生命的意義。

二、歷史表現人生命之目的和趨向

歷史有目的，有趨向；不是像卡爾·波普所說是偶像崇拜和迷信，更不是基督教義的信仰，而是從理智和人道主義去講。

歷史是人類生活的歷程，生活的歷程就是人的生命歷史便是人類的生命，不是從本體方面說，是從生命的表現方面說，生命是體，歷史是用。

反對歷史有意義的人，是因爲沒有可能寫一部完全的世界歷史，也不可能都認識並研究人類的全部生活，因此便不能得到結論肯定人類生活的共同點，作爲生命的目的和趨向。這一層理由，也可以用之於反對自然科學。自然科學的實驗也不能作無數的實驗，但在可以決定一項原則時，就認爲實驗的數目夠了，所得原則可以實行到一切的相同現象。歷史的事件是人的事件，研究人的事件，從多數的單獨事件中，得到了共同點，以這共同點作爲人類生活的共同點，誰也不能說不可能，更不能說不合理。在哲學上，我們說人類生命的目的，在保全並發揚自己的生命，人類生命的趨向，在於追求這個目的。從歷史的事件裏，幾千年來，無論在那一年代，在那一地區，人類都是在追求自己生命的保全和發展。許多事件看來卻是向反的方面走，許多發動戰爭的人和民族自蒙其禍。那是因爲作事件的人沒有看清楚事件的實質意義，就如每一個人屢次以惡事作好事看，以有害的事作有益的事看。至於說不可能有一部完全的世界史或完全的國家民族史，這是因爲人的智力有限，在別的生活方面都是一樣，我們人類便要在符合有限理智力的情況下去生活，也去寫歷史。

歷史在思想方面，不僅顯示人類生命的目的和趨向，表現人類存在的統一性，也表現人類生命的創造力。人類和其他物體不同，就在於人類的生命能創造新的生活方式，即創造文化，建設文明。自然界一切物體的存在，有本身的原則，常不能改變，狗的生活常是一樣的生活，桃樹的生活常是同樣的生活，都不能自己改變方式；若有改變，是受外在的原力而改。人類的生活則從初民到現在，一直在改進，改進的動力是人自己的內在理智，理智創造發明，發明造成新的生活方式，結成新的文化。所以文化分段，有石器時代、銅器時代、鐵器時代、電氣時代、原子時代。文化的變遷代表人類生活的變遷，也就造成人類的歷史。人類的歷史，便是人類的文化史。

文化的變遷不是一直往前進，不是一部直線的進化史。人的理智雖具有創造力，然而本身是有限的，而且要運用別的工具。工具不足，不能創造；有限的理智力能將發明用於傷害人的生命，例如目前環境的污染。文化的前進，曲折迂回。人類的歷史表現人類生命的發展，路途多艱。

歷史記述事實，歷史的意義不在於事實外面的行動，是在於事實內面所含作者的思想，即是歷史事實作者的行動目的。歷史所遺留下來的，是紀事的書籍或事實的遺跡；但是這些史書和古跡，並不是歷史，這些史書和古跡是死呆的，是歷史資料。歷史則是活的。史書所紀的事實在當時本來是活的，是事實作者生命的活動，有他的思想，有他的情感。這種作者當時的思想和情感，乃是歷史的意義，也就是歷史。因此許多歷史哲學者和柯靈烏一樣，認爲歷史不是過去的事實，而是史家自身在心中使史事作者的思想和情感重演再現。然而歷史實在理所當然的是過去的事實，這些事實包含有作者的思想與情感。史家寫史書或研究歷史的人要將這些思想和情感實現在自己心中，這是我們人爲有認識應有的過程。無論對任何一個客體，無論是過去的或現在的，我們爲認識它或想它，都要把它在我們心內現出。然而客觀若是一個實在的客體，它必要有自己的客觀存在。歷史的事實在本身包含有作者的思想和情感，寫史和研究歷史的人是根據事實所包含的思想和情感去重演再現，而不是任憑自己隨便去想，否則便不是「重演再現」，而是製造史事的思想或情感。歷史的意義是在史事以內，不在史家或研究者的心內，祇是在被人認識時，則在人心內。

史家或研究者在心內重演歷史事實，回想事實作者的思想和情感，可以想得對，也可以想得不對；因爲若是歷史書上沒有記載史事作者的心情，後來史家或研究者根據史事去回想，則要看史家或研究者的史學天才，天才高可以深入事實，可以由當時的環境，想到史事作者的思想和情感。

然而根本上，則不在於天才，而是在於史事作者和史家或研究者都有同一的生命，都有人的生命，人的生命因人性相同，在相同的事件上，可以有同一的心情，在同一心情裏乃可以推想前人作事的思想和情感，不一定常對，然而可以對的機會很多。所以歷史的因果關係，是可能的關係，不是必然的關係，詩人騷客作詩作文時，常把人的思想感情，推放在自然界的物體內，那只是一種藝術性的移情作用，而不是眞實的事實。因爲人和自然界的物體，所有的生命不是同一的。歷史所以是人的生命，紀述人類生命的歷程，顯示生命的意義。

三、歷史哲學

現在講歷史哲學的人，大致分爲兩大派：一派是「理論歷史哲學」，一派爲「批評歷史哲學」。「理論歷史哲學」注意講論歷史的意義，以哲學或以宗教信仰作爲理論的根據。西洋聖奧思定、黑格爾、以及馬克思都以自己的宗教信仰或哲學思想講人生，由講人生而講歷史。一些人便鄙視這種學說，稱爲玄想的歷史哲學。「批評歷史哲學」注意研究歷史智識的價值，不是考據史事的眞僞，而是從語言分析和史事智識在認識論的價值各方面去檢討。

我們研究歷史哲學，對於歷史智識當然要檢討，第一個問題，是歷史的客觀性；第二個問題，是歷史的解釋；第三個問題是歷史的共同原則。這些問題爲「批評歷史哲學」所注重，以往「理論歷史哲學家」沒有注意到。然而歷史哲學不能就限制在這些問題上，而不進入研討歷史的意義，和歷史與人生的關係，以及歷史的目的或趨向。

西洋一般哲學的趨勢，從笛卡爾以後就走入認識論裏，開始有洛克、休謨經驗派的唯經論，繼而有康德的純理性批判，後來有羅素的數學邏輯，最後有維也納學派的語言邏輯。這些學者極力摧毀傳統形上學，詆爲玄想幻想，祇從語言去講哲學，語言實際上則只是發表思想的工具，以語言的研究作爲全部哲學，不能不進入形上學。這些認識論的學者一方面極力唾棄傳統形上學，自已卻建造自已的形上學，所用原則仍舊是傳統形上學的原則。

批評歷史哲學所走的路，就是認識論學者所走的路，歷史智識固然是檢查，歷史的意義也該講，因爲西洋現代哲學否認形上的「人性」觀念，否認有不變的原則；這類的歷史哲學者當然不承認歷史有人生的意義，離開人性，有什麼根據可以將歷史事實結合起來？歷史事實若只是單獨的事實，它所有的意義是這件事的作者，當時所有的思想和感情，研究這種意義是歷史家的任務，歷史哲學所研究的，不是椿椿的歷史事實，而是將歷史事實連貫起來，研究串接歷史事實的意義，和歷史事實的共同原則。這種歷史以人的生命爲串接歷史事實的基線，研究歷史事實表現人類生活的目的和趨向，又表現人類生活常有善惡成敗的衝突；這種表現便是歷史的基本意義，歷史事實又因着人類的同一生命，在相同的境遇中，相同的事實可以發生，這就是歷史的共同原則，給後代人的教訓。「批評歷史哲學」否認這一切，詆爲空談，好比語言邏輯學詆毀形上學爲空談一樣。可是語言邏輯學和數學邏輯學還自己謙虛地稱自己爲邏輯學，「批評歷史哲學」也該自稱爲歷史邏輯學，不能代表全部歷史哲學。我家中藏有二十種這樣的批評歷史哲學書，沒有一册講到歷史哲學的各種問題，柯靈烏的歷史理念一書，則講歷史哲學的歷史，在後一小部份，講了歷史哲學的理念。他們理念卻又是以人性爲歷史的基本。

歷史哲學研究歷史對人生的意義，當然不能流於空疏，祇以自己的哲學思想作標準。若是這樣做研究，就要如同余英時所說：「過份強調史學的哲學性最後必然使史學流於空疏，失去任何客觀的標準。於是哲學家就可以把歷史家看作他的奴僕，而歷史家的任務也就限於如何爲哲學家提供『建造系統』的材料了」⑧。

歷史不能脫離人生，不能過於講抽象理論，忽略具體的人生；也不能放棄人生，祇講史學的某方面意義；前者是玄學的歷史哲學，後者是批評歷史哲學。歷史是記述人類生命的歷史，人類的生命具有豐富的意義。歷史哲學根據人生的事實探索人生的意義。人的生命是人心靈明的活躍，變化多端，神妙莫測，不能由以往的事實推出將來的事實，只能就人性的同一，預測將來可能有同樣的事實發生。自然科學根據所知的定律，推知將來必然發生的事；所以自然科學有『必然性』的定律；歷史屬於人文科學，只能有『或然性』的原則。然而『或然性』的原則已經可以使歷史學成的科學，也使歷史科學成爲科學，何況新物理學對於定律也只有「或然率」，而不是必然的了。一位哲學家曾經說過：「任何科學（自然科學）都必然能夠在同樣的條件下產生同樣的結果。」事實卻不然，你建立完全相同的環境，每次做實驗時條件都一樣，但無法預測在那一個小孔後面可以看到電子。然而即使同樣的條件不能產生同樣的結果，科學（自然科學）還是照常發展。這使我們頗不舒服，因爲在已知條件下，我們竟無法精確地預測下一步。」❾歷史學者對於不能精確推知下一件歷史如何發生，心裏沒有不舒服：歷史是人文科學，原本只能有「或然性」的原則。

還有另一種應當警覺點，是唯史論。黑格爾主張絕對精神爲唯一實有體，絕對精神常循正反合辯證式變動，便以爲全部哲學都是辯證邏輯學，又以全部都是歷史學。西洋當代興起唯史論（Historicism）一切都在變，一切都是歷史。因此，沒有不變的眞理，沒有不變的善惡標準，一切都是相對的，一切隨着時代變。這種主張的錯誤，在以變爲主體。生命是動的，動在物質性的實體中必定生變。但是，沒有物質的精神生命，雖動卻不變；在有物質性的實體中，生命雖動而有變，生命本身卻常是同一的生命。我在討論「一致性」時，曾經有所說明。生命本身的「性」和「次序」，和「變化原則」，基本上是不變的。易經也曾主張「易，有變易，有不易。」理學家也主張「動中有靜，靜中有動。」我們研究歷史哲學，在具體的事件中，研究人生共同的思想和情感，有具體的實證事件作根據，有共同的思想作意義，不能偏走玄想，也不能偏走訓詁，集合多方面的資料而作綜合，以求歷史的統一性。

附註

❶ 歷史的意義 耶里克・卡勒爾著・黃超民譯，臺灣商務印書館，頁二一。

❷ 柯靈烏，歷史的理念・黃宣範譯・聯經出版公司，頁二一九。

❸ 同上，頁二二一。

❹ 同上，頁二二二。

❺ 黑格爾 歷史哲學・謝詒徵譯，大林書局，頁二八。

❻ 波普 歷史有意義嗎？見現代西方歷史哲學譯文集 張文傑等編譯 谷風出版社，頁二三一、二二三。

❼ 雅斯貝斯 論歷史的意義，同❻，頁四六。

❽ 余英時 章實齋與柯靈烏的歷史思想，見歷史與思想，頁一六八，聯經出版公司・

❾ 范恩曼（R. P. Feynman）著，林多樑譯・物理定律的特性，頁一二七，臺灣中華書局。

第十一章　文化與生命

一、民族的生活

文化，爲民族生活的方式，積而成爲文明，祇有人類有文明。民族的生活由一個一個的人的生活結合而成，一個一個的人不是哲學所講的具有人性的抽象人，而是具體上的實體，生活在具體境遇中的人。具體的人爲一個存在的整體，存在卽是他的生命。

義大利目前有一個新哲學派，名爲「人的理解學」(Ermeneutica umama)，主張人是具體的單體，單體爲「位格」(Persona)，「位格」爲整體性，整體性包含人的各種境遇：時間、空間、性別、理智、情感、才能。這些境遇，人人都有；可是在具體的位格上，則各有各的表現，這種表現稱爲理解，就像一個名詞，在解釋上可以有各種解釋。❶

時間，就是存在。絕對的實體，沒有變易，超出時間，祇是永恆；永恆，以時間意義表現自己的意義。相對的實體，它的存在，就是時間。一個人出生後，就在時間裏，嬰孩、兒童、少年、壯年、老年，一連串的時間，規劃了他的生命，生命在時間裏變易，表現在生活裏。可是，時間在每個人的生活裏，所有的具體意義不相同。兩個嬰孩，具體的生活並不一樣，兩個兒童的具體生活也不一樣，兩個民族的生活在同一時間內，也不能相同。在不同的時間裏，一個人的生活有變化；在不同時代裏，一個民族的生活也有變化。易經常說，時間的意義很大！因爲整個宇宙的變化，就在時間內運行。

空間，每個人都活在空間以內；可是一個人的空間，在以往農業時代，「老死不出鄉里」，沒有多大變化，在現代工商業時代，交通方便，一個人便常換居住的地方。不過，習慣流動的人，不大隨地改換生活方式。但是，在不同地區的人，地方的自然環境對生活的影響就很大。一個民族的生活，便常受空間的自然環境的限制，民族爲求發展，常設法改良自然界環境，征服自然界的困難。湯因比就說，文化，乃是民族對自然環境的對抗和征服，一旦缺少這種努力，文化就會停滯，以至於衰滅。

性別，是每個人必有的境遇，人或是男人或是女人，位格必定附有性別。性別帶給每個人生活的變化和表現。各不相同。男人和女人不同，男人和男人，女人和女人也不相同。性別是宇宙間萬物的生命所有，每個物體的生命具有性別的特徵。性別特徵在理論上爲共同的特徵，在具體上卻不相同。在具體生活上，兩性的生活結成一個生活；因爲每個具有性別的生命，自然要和另一性的生命相結合，以成一個圓滿的生命。具體的圓滿生命，在婚姻中實現；可是婚姻的生活，各不相同。

理智、情感、才能，每個人都該當有；位格就包含這一切境遇。位格所包含的這些境遇，每個人卻都不相同。這些境遇乃是每個人生活的重要成素，人的生活由這些成素而成。而且人之所以爲人，就在這些成素上。人用理智、情感和才能，發展自己的生命。一個民族靠民族裏有智慧，才能和勇氣，創造新的生活理想、生活工具、生活方法，造成民族的文化，文化高尙優良，民族的生活也就高尙優良；但若民族中生出敗類，與起壞而惡的生活習尙，民族文化低落，民族生活也就品質低落，心身痛苦。

文化，爲民族的文化，由民族生活而結成，民族則由單體的人而結成，單體人的存在就是生命，生命構成單體的位格，位格則包含生命的境遇，（或者說生命的條件，或生命的特性），境遇在實際的發展或表現上各不相同。雖然每個人的境遇表現不同，但在同一地域和同一時代內，必有相同點，這些相同點造成同一地域和同一時代內的生活方式，成爲民族的文化。

文化，不能在抽象的觀念上去看，而要在具體的生活上去看。具體的生活乃是生命的變易，生命的發展。文化，便是建立在生命上。文化的生命，爲民族的生命，民族的生命，由單體個人的人格生命而積成。

二、生命的創造力

宇宙萬物的存在和變易，全賴由造物主的創造力所造的創生力。創生力爲活力，也爲造物主的繼續創造。懷德海對這點曾說出他的意見，我雖不完全同意，但也同意他說得有理由。馮滬祥曾介紹說：「在懷德海看來，神是一切宇宙創進的動力來源，也是宇宙創進的最後目標，前者是『神的根本性』，後者是『神的後得性』。他稱前者是『絕對飽滿的潛力在概念上無限的實現』，後者則是朝此目標繼續創進的不斷完成歷程；前者重概念性，後者重實踐性。要言之，神的根本性就是『創造性』，就是在現實世界創進歷程背後的創造原理，懷德海又稱之爲『凝聚原理』，因爲據之可以凝聚一切時間之流中當下完成之實際體，這種當下完成，現實自足的實際體是一個創造品。對懷德海來說，世界演進的過程就是代表神力所創造的過程，每個創造品自然與創造性不可分，所以在大化流衍創進的歷程中，每一『時刻的緣現』，或實際的緣現，都是自呈其創造性，在整個貫串凝聚的歷程中就代表神的內在創造性；因而每一創進歷程，也都代表神的根本性的流露。所謂『神的後得性』則指在無限的未來中，繼此原始創造性與時俱進的向前奔流，前者神的根本性是永恆不變的，後者神的後得性則浹化宇宙的創進而不斷在前進中。」❷懷德海的這段話，用創造力和創生力去解釋，則容易懂了。「原始創造性」爲造物主的創造力，「繼續不斷的創進歷程」爲創生力。

人的生命爲創生力的最高創造品，凝聚了創生力的動力，在身體和心靈方面時時有創新，乃能創造文化，建造歷史。

思想，爲人生活的燈光，指導人生活。思想結成系統，成爲各家的哲學。思想由人的理智去創造；理智力高，所創造的思想豐富、高深、完美。中西的大哲學家，亞里斯多德、聖多瑪斯、康德、黑格爾、孔子、孟子、老子、莊子、朱熹、王陽明、王夫之。他們的思想，代表中西文化的光輝。

自然科學的發明，科技的精品，代表理智創造力的高峯。造物主以自己萬能的神力，創造了自然界宇宙，宇宙按照造物主的理想，繼續不停創進。人用理智力，深入自然界的宇宙秘密中，探索創進的原理、原素、路程。依據探索所得，運用宇宙的物質，彷效宇宙創進的路程，製造科學儀器，繼續造物主的創造而創造。人類的文化乃呈現新奇性，突進性，邁向無限的前途。這就是生命的創生力的最具體的表現，也是推進文化的原動力。

文化的美，是人的天才所造。中國文藝有五千年的天才作品，屈原的離騷，李白、杜甫的詩歌，李清照、蘇軾的詞，關漢卿的曲，水滸傳和紅樓夢等小說，故宮博物院的書畫、銅器、瓷器、玉器。西方也有幾千年的文藝作品，古希臘和古羅瑪的雕刻，文藝復興期米格安琪洛、拉法尼爾等大家的繪畫，羅瑪聖伯鐸（彼得）大殿，義大利米蘭，法國巴黎，德國科隆的哥特式大教堂，還有希臘悲劇，拉丁文的委而奇里阿史詩，但丁的神曲，歌德的浮士德，莎士比亞的戲劇，還有古埃及，古印度的皇墓神廟和中國的長城，都是全球各民族文化的異彩，顯露人類天才創造力的偉大。

但是感情更能代表人的人格，更能表現生命的活躍。中國儒家主張喜怒哀樂發動時應該中節，以至誠的態度自然流露，大人不失赤子之心，親親、仁民、愛物。贊天地的化育，培養浩然之氣，建立聖賢『與天地合其德』的人格。莊子教人隳形骸、立心齋，忘己忘人忘世，與天地長終以成至人。佛教實行禪觀，使六根清靜，心空無物，冥冥與眞如合一，進入涅槃以得「常樂我淨」而成佛。聖人、至人、佛，爲中國文化的高峯，絕俗世的凡情，造超越的眞情，滅紛亂的雜情，鍊純粹的至情。一面克除，一面培育，生命的創造力發揮淋漓。

舊約聖經的創世紀記載天主上帝按照自己的肖像造了人。天主的本性是創造，人的本性也是創造。人是一個一個的人，是一個「位格」，是一個生命。一個有位格的生命，在自己的「境遇」中不停地前進，造成生活的型態，結成了文化。

但是一個有位格的生命，在內心所創造的精神型態，則不結成文化，而留爲精神生活的「位格」。在佛教的三世報應說，現生的我，由前生所造，現生所行，造成來生的我。天主教信仰人的靈魂永存不滅，每個人結束了現世的生命，靈魂進入永遠的境界。每個靈魂的我，乃是他在現生善惡所造。這個我，就是靈魂的「永恒位格」。

三、宗教的創造

自然科學所研究的，爲一件一件的事物；哲學所研究的，爲整體的宇宙；宗教則專注在人的生命。宗教不同於生理學和心理學，分析生命的現象。而是指示人生命的發展和歸宿。中國儒家說明了人生命的來源和目的，「愼終追遠」，人的生命來自父母，歸於父母，子女爲父母的遺體。儒家的孝乃包括每個人的一生，所言所爲都屬於孝。天主教則信仰人的生命來自造物主天主，也歸於造物主天主。這條信仰是動力性的，激動人的心靈昇向超越的境界；但不是如同一般人所想像的，由地面登上天堂，而是心靈超出物質界，和絕對的精神相融會。

這種精神超越，時時刻刻要進行，不能停流。停流就後退。又常遇情慾的誘惑，心靈傾向罪惡，心靈的精神便跌到地面，有時罪惡重大，還要墮入深淵。本來人的心靈雖是精神靈，但祇能用本性的動力，超出物質，如同儒家所講「與天地合其德」，不能上昇而與絕對精神體天主相融會，並且人負罪惡，更沒有動力使心靈淸白以傾向天主。天主教信仰天主聖子耶穌降生人世，代人贖罪，以洗禮洗人的罪，提拔人的心靈和祂結合一體。耶穌以祂的精神，創造和自己結成一體的新人。耶穌的精神乃是『聖神』，或稱『聖靈』，爲天主本性的神力。人的心靈靠著『聖神』的神力，時刻前進，以與天主融會。人若跌倒，墮入罪惡一經悔悟，聖神又使他振作，自強不息。這種宗教生活，發展人的精神生命，時時創進。

宇宙萬物爲造物主天主所造，供人使用。爲使用萬物，人須要研究萬物的物性，瞭解萬物變化的原則，然後要創造使用萬物的方法；這就是自然科學和科技。歐美的人信仰天主教或基督教，他們熱心研究科學，常多發明。並不是如同許多人所說科學反對宗教，反過來要說宗教促進科學的發展。

宗教信仰淨化人的內心情感，使人傾向絕對精神體天主，藉著藝術以表達。歐洲的古典藝術，都由宗教情緒所激發，古典音樂，文藝復興期的繪畫，羅瑪式和哥特式的教堂，結成歐洲文化的光彩，也是宗教信仰的創造。

宗教情緒綜合爲愛的情緒，「愛天主在萬有之上，愛別人如同自己。」愛的情緒是動力、是熱、是火，加以聖神的神力，宗教信仰的愛，乃能使人的心靈時刻在創造。天主教精神生命的修養和發揚的方式，世世代代常有新的變化。或者遠離社會，隱居曠野；或者封閉修院內，長齋苦身；或者拋棄家庭，絕財絕色絕意，獻身教會工作；或者身居棄世，嚴守教規。每個人在培養精神生命時，各有各自的位格，各人又有自己的創造。創立各種修會的會祖，表現創造的風格，每個修會常保有創會人的風格以作特徵。還有以聖神神火發揮愛的力量，或到外地宣傳福音，敢爲福音而捐軀；或同德肋撒修女一般，走遍世界，援助窮人；或埋頭工作，終生在安老院服侍老人。

宗教的愛，在各民族的文化史上，乃是建造文化的活力，這種力量來自人的心靈，出自人的生命，加以聖神的神力。宗教的愛，使人的心靈和絕對精神相融會，引導人的生命歸向自己的目標，得到正常的發展。

宗教信仰在中華民族的文化內。不表現它的活力；這是中國人歷代把宗教的意義，限制在神靈的崇拜，其實儒家的文化本來就是上天的文化，也是天命的文化。『天』的觀念貫串整套儒家思想，上天、天命、天理，爲儒家思想的根基。把天解釋爲自然或天然，那就把儒家變成了道教。命的觀念，統制了中國人的全部生活。這兩個重要觀念，也就是宗教的兩個重要觀念。還有中國民間的生活則充滿崇拜神靈的敬禮和信鬼的迷信，也就構成中華民族的基層文化。

文化，建立在人類的生活上，人類的生活是每個人生命的發展。每個人追求生命的發展，運用理智、才能和感情創造生產的工具，思想的體系，藝術的作品，構成民族的文化。文化的本體是人類的生命，文化的建造動力是生命的創生力，各種民族文化的特徵是各民族的生命的位格。民族生命的位格，由集合民族中每個人的位格而成；集合的工作，歸之於民族中的先知先覺。

附註

❶ Laura Pasleti Enmeneutica delle condizioni umane. Edizioni Fondazione Nava Spes Roma 1990

❷ 馮滬祥　文化哲學面面觀，頁一七〇，先知出版社。

第十二章　位格在當代哲學可有的意義

一、西方哲學

西方哲學由希臘發源。追求眞理，研究宇宙萬物的意義。宇宙萬物爲形形色色的個別物體，爲研究萬物的意義，必定不能每一件每一件物體個別地研究，既然沒有時間和精力，就使集合大家的時間和精神去研究，所得的結論都是個別的和單獨的，不能有學術的價值，爲能有價值，則須要從個別的和單獨的事物研究中，得到共同的概念和原理。共同的概念和原理，可以用之於許多事物；而且可以使這些事物連繫起來，結成系統。因此，西洋的哲學傾向於普遍的觀念和原理。

最普遍的觀念和原理，可以用之於宇宙萬物，第一是「有」、「在」、「性」（本性）。這些觀念構成西洋的形上學本體論。最普遍的原理，也是本體論的「同一律」、「矛盾律」、「因果律」。

從希臘哲學到歐洲的中古哲學，本體論所講的常是這些觀念。雖然希臘哲學也開始講『實體』(Substantia)，但祇是在抽象的觀念方面去講。希臘哲學有 Hypostasis，拉丁文作爲 Suppositum，意思是個別的實體。爲標明人性的個別實體，乃用 Persona 位格，然而也只是一個觀念，不作爲研究的對象。

天主教信仰傳到歐洲，成爲歐洲人民的共同信仰。信仰中有天主聖三的信條，爲表明這種信仰，天主教神學家藉用哲學的觀念，稱爲天主的本性是一，天主的位格爲三，天主爲三位一體。

位格這個觀念便成爲天主教神學的重要觀念，神學家用士林哲學的思想，研究「位格」的意義。

神學家所有對「位格」的共識，是位格的內容複雜，包涵「個別的本性」(Essentia individuata)，自立的存在 (Subsistentia) 和附加體 (Accidentia)。

神學家對於「位格」的成因，則大家意見不同。巴冷德樞機 (Card Petrus Parente) 曾爲我在羅瑪傳信大學的教義神學教授，在所著論天主三位(De Deo trino) 書中，作一圖表：❶

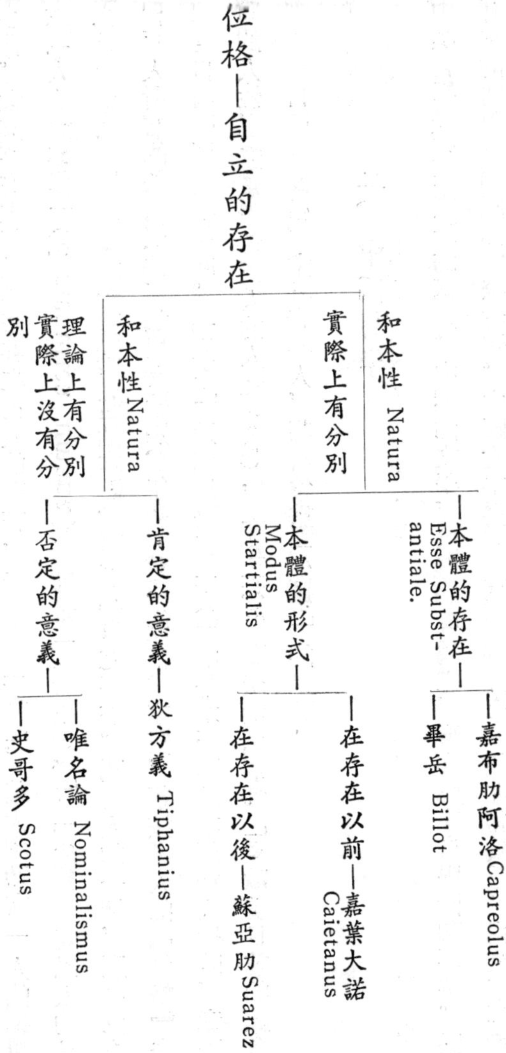

天主的本性本體爲唯一的，唯一的和單獨的在意義上不相同，前者爲積極的，後者爲消極的，唯一的本性本體具有一切，沒有對外的必要關係。單獨的則是沒有對外的關係，在本性上可以須要有對外的關係。天主是唯一的，沒有對外的關係，祇有對內的關係，天主因爲是「絕對的行」，沒有能和成的分別，絕對是體用合一。因此，本體以內的關係，和本體爲一。天主本體的關係有兩項，這兩項便是兩絕對本體，構成兩個「位格」，天主便是三位。

三位的本體又同是一個本體，天主便是三位一體。

我當然不能在這裏給大家講神學，祇能概括說天主教神學家以『位格』的成因爲自立存在（Subsistentia）但是怎樣的解釋，則各家不同。

在西洋哲學方面，不論士林哲學或其他學派從中古到現代都沒有特別注意「位格」。當代西洋哲學卻開始注意到自立的個體，柏格森講生命流行，存在主義講具體存在，懷德海講具體事件。尤其存在主義以具體存在爲人的存在，而講到「我」，義大利乃有「人的邏輯學」或「人的解釋學」（Ermenutica umana），卽是「位格主義」。「位格主義以人的具體存在爲『位格』，『位格』爲一整體，包括本體、附體和自立存在。關於人的一切，應由位格去解釋，人所有的共同條件，如男女性別、年歲（時）、性格、才質，都按各人的『位格』去解釋，各自有區別而不相同。「位格」乃成爲研究「人」的基本；而且在解釋人性時，竟否認共同的人性，祇承認每個人的人性（個性），和朱熹的氣質之性相近。」❷歐美目前的社會人人都注重自己的位格，尤其青年人，都有尊重「位格」的意識。

二、中國哲學

中國哲學是傾向實際的個體。中國的文學，以形和聲爲主，形和聲來自眼睛和耳朵。眼睛和耳朵的對象是個體的實際物體。中國文字爲表達抽象的觀念，便非常貧乏。由文字到推理，中國人的思維法，常根據具體事件或古人的高見去推論。很少根據抽象的玄理去想。❸因此，中國哲學是重實際的哲學，不像印度哲學重抽象的玄想。中國重實際的哲學講人生之道，以人爲中心，稱爲人文哲學。人文哲學以實際的人爲中心，便注意每個單體的人。孔子講「仁」道，以「仁」一貫自己的學說；然而門生向他請問「仁」的意義時。他就依照每個發問的門生的人格而作答，所有的答覆就常不相同；因爲他是「因人施教」。孔子的倫理標準爲「禮」，「禮是分」，把每個人分在不同的位置。孔子乃主張正名—君君、臣臣、父父、子子、夫夫、婦婦，各自有各自的名份，各自有各自權利義務，儒家性善性惡的問題，爭論了兩千多年，一位尋求澈底解決這個問題的學者朱熹，提出「氣質之性」以作結論。性的善惡不能由公共的抽象的天地之性去解決，而要由每個人實際的氣質之性去解決，每個人的善惡不同。

中國哲學沒有位格這個名字，也沒有一個相同的名詞，可是意義早存在中國哲學中，而且非常被重視，作爲人文哲學的主體。儒家人文哲學由理氣、陰陽歸結到人，人則由人性去講，人性由人心而顯。朱熹以心統性情，由心以制情。王陽明則主張孟子的心學由陸象山繼承，陸象山主張反觀自心而知善惡的天理，王陽明繼承陸象山乃主張致良知，良知爲每個人實際的行動指標，王陽明的知行合一，就是以「位格」爲基礎。

儒家的一貫修身之道，也是建立在「位格」上。大學的大條目，以「自己」爲中心，由上而下，由下而上，「修身」居在中央：

平天下，治國，齊家，「修身」。正心，誠意，致知，格物。

因此，大學、中庸講「愼獨」，講「誠」，朱熹講「主敬」，王陽明講「致良知」。這種修身之道，常在於克一己的情慾。變化一己的氣質。培養一己的心靈。因此，中國的哲學沒有「位格」的名詞，卻有「位格」的實在意義，常注意到自己。但不是如同日本人中村元所說：爲個人主義，趨向利己，「期望聖賢們從中受益，但並不希望聖賢去教導所有的人。」❹儒家主張聖賢贊天地的化育，使人民受益，發揚自己的仁心，沒有一人一物在仁心以外，張載曾主張在愛心方面，心外無物，陸象山在天理方面，主張心外無理；王陽明在生命方面，主張一體之仁。這種思想和西洋神學思想有點相近。中國哲學以人爲宇宙萬物的代表，每個人爲一「位格」，人的「位格」便包括宇宙的一切，人就是宇宙。人的生命和宇宙萬物的生命，便合而爲一。

三、生命哲學與位格

生命哲學由「存在」講論「有」；所講的「有」，爲一具體的有，即一個實體。在「人」來說，就是一個實際具體的人，便是「位格」。

「位格」由「存在」而成，「存在」爲「生命」，「位格」便由「生命」而成。

一個人是一個「位格」；一個人能夠是一個位格，因爲他活着，活着是生命，沒有生命便沒有這個人，也就沒有「位格」。

位格代表一個整體的人，因爲「生命」不能分。人的生命，爲心物合一的生命。人的位格，便是心物合一的位格，普通稱爲「人格」。人死後，靈魂仍活，靈魂的生活祇是心的生命，靈魂的生命便不是一個完整的「位格」，常保留和身體相結合的傾向。

心物合一的生命，有身體的生活，表現在體格上，又表現在身體美上，構成一個人的「位格」。女人以美爲自己的人格。連自己的服飾，也包括在「位格」內，不容別人模仿。心物合一的生命，有心理感情生活，表現在情緒上，構成一個人的「性格」；又表現在道德上，構成一個人的「品格」；性格和品格就是一個人的「位格」或「人格」。心物合一的生命，有理智的生活，表現在思想或藝術上；一個人的思想，一個人的學術，一個人的文學藝術作品，代表他自己，構成他的「人格」或「位格」。

一個人的生命，不是孤獨的生命，常和別人生活在一起，常發生關係；這些關係造成權利和義務，古人稱爲「名份」，名份便成爲一個人的「位格」或「人格」，絕對不讓別人侵害。同時，在法律上，一些不是個人而是權利義務的主體，被法律認爲「法人」，也是「法律位格」。

凡是位格，都建立在人的生命上，生命就是「位格」。

西洋哲學思想，目前傾向於以「我」爲主體，由抽象觀念走到實際的本體，成爲實際的哲學；如存在論、結構論，以及語言邏輯，還有柏格森和懷德海，以及「人的解釋學」。中國哲學傳統地以實際人生爲主體，追求培養每個人的「品格」，常以「位格」爲目標。實際的人是一個活的人，是一個生命；我因此乃講「生命」哲學。宇宙萬物的生命，和人不能分，由人去代表，人的生命綜合宇宙的生命。人的生命爲一個「位格」，而人生命的來源，是宇宙創生力，創生力則來自造物主的創造力，創造力則是天主一體三位的第三位聖神；因爲我們天主教的信仰，是「聖言以聖神的德能，養育聖化萬有。」這樣便是天主的「位格」創造了人的「位格」。

附註

❶ Petus Parente. *De Deo Trino*. p. 85. Roma 1938

❷ Laura Pasleti, *Ermeneutica delle condizioni umane*. Edizioni Fondazione Nova Spes. Roma 1990. p.151.

❸ 中村元著　東方民族的思維方法　林太、馬小鶴合譯，淑馨出版社　徐復觀譯同一書，祇翻譯「中國人之思維方法」　學生書局出版

❹ 東方民族的思維方法，頁二二四。

附錄　位格的弔詭

人是物質的精神體，有精神與肉體，這種奇異的結合構成了人的張力，並解釋了莫洛斯(Mouroux)所謂人類位格的弔詭。

1. 人有肉體，所以受制於物質定律，人存於時空之中，有別於其他事物，雖然人是統一的整體，其單一性並不完整，但卻包含許多互不衝突的元素。人又有精神，所以能超越時空，能完全自我呈現，也能瞭解宇宙其他事物並與之合而爲一。

> 精神與肉體是同一存有。人類位格的第一個弔詭是：人乃精神與肉體的統一體。……因為具有肉體，在肉體內精神進入時空，成為各種食慾感覺的主體，而獲得整個生物的、心理的與社會的個體——這些對純精神而言，都沒有意義。然而，在精神唯一能表現的方式下，它變成了肉體的活動力——亦卽是說仍然保有精神性，並認知、凌駕與超越肉體。就此純粹的觀點而言，位格乃凌駕與擺脫有限的肉體比例，也支配肉體使自己仍是非物質的、超越時間的，

並呼吸新鮮空氣，也可說是：對他自己來說是無限的。因此，位格乃嵌入、顯現與內在於肉體，又再超越肉體的精神。

2.人類位格是自立的與開放的。所謂自立的，是指在已存有與爲已存有，位格只是他自己，而不能成爲別的事物。就存有的普遍性而言，位格是個微小的自容島嶼，在活動的範圍內支配自己，步入被創生的存有無法瞭解的境界。就基本角色言，人是不可侵犯的神秘體，人的自我意識絕不能被任何人分享。

然而，同樣的位格卻由垂直的與水平的方向加以開展。位格垂直地朝向上帝，由上帝而獲得其存有，並在任何時間內都能繼續維持其存有，因爲位格永遠是上帝創造活動的對象。其次，位格是水平地朝向他人，因爲位格是個體，與其他人一樣，具有人性。當上帝創造了物質的物種，位格所意向的卽是殊種（Species），而不是個體。個體是因爲殊種而存在，其地位亦低於殊種。既然人是個物質存有與動物，那麼前述的情形亦可適用於人。就人種而言，位格是個環，自有其重要性，並具有變化無窮的外貌。

但是，人並不純粹是物質存有，他仍有精神，作爲精神體，人不可能只是工具，也是目的；不可能只是環，也是整體，更是事物滙歸的中心。

這會帶給我們有關人類位格的基本弔詭。就他是支配肉體的精神而言，他是被導向物質實體的條件；他是殊種之一，正因為是殊種而得以存在。由於人是超越肉體的精神，所以他能分享精神受造物的條件；他與上帝有直接的關係，故能凌駕為其所造的殊種。他一方面被與殊種的關係和整合所限制；另一方面，則由其單純性與內化能力所制定。他既是成員又是整體；既是離心點，又是核心點。他是整體與自己之間活潑的張力；除非經由他人或內在於他人，否則二者均無法獲得滿足。

3 位格是存在的，但尚未被完成。位格是存在的，他是個在己存有、為己存有、由己存有的實體，也是不變的肉體原理，以及感官的與相關的活動。然而，位格並不像固定的某物和原木就完美的某物一樣地、一成不變地存在著。

此處並不論述有關位格在生理的與心理的成長。位格並無特徵，因為動物也具有位格。這種發展並不是自由的，只能說在個人發展的環境與客觀境域下，人天生就被賦予這種特徵，因位格決定了自己的行為及發展方向，故有自由的精神發展。我們以為自由抉擇與自由活動乃指：沒有人能脅迫位格，並使之背離其所崇敬的上帝。上帝召喚人且賦予其理智與意志，但並不強迫每個人都接受他的召喚，而放棄外物的誘惑。然而，位格對外物誘惑所作的回應方式，已決定其生活的意義、眞實的價值、永恒的命運。位格雖已存在，但仍須完成自己。就特殊意義而言，位格存於宇宙已非重要課題，更重要的是由他自身所表現出來的自由活動。

因此，人通常混於召喚與回應之間，或更好說是被召喚與回應所環繞。人只有回應而無選擇，有也只是選擇其回應。人有時接受召喚，並將之與權力分開，但因與召喚的關係過於密切，似乎又使與召喚合而為一：純粹的、快樂的回應與强有力的、成功的召喚完全相同。人有時也排拒召喚，若無其事地假裝充耳不聞，這種拒絕已帶給召喚本身破壞力與阻礙人强勁的衝力與否定力，使人分裂、崩潰與受折磨。人有時奉獻自己；有時又轉變心意；有時又同時付出與收回。……這固定的召喚與回應構成了人類職業，以及位格本身的整個劇情：無窮的劇情——不論如何神秘——在任何時刻均有其意義——也隨時準備換取另一個。這的確是個極端的選擇，因為人的意義與價值就在此選擇上，雖然無法確切指出人自身的存有是純潔的、單純的，但至少可說是道德的與精神的存有，其受賞或受罰的命運必由選擇來決定。神的關愛與人的自由之間有極大的搏鬪，連上帝本身也不是勝利的保證。

J.F. Doncel. S.J 著 Philophical Anthropology.

劉貴傑譯　巨流圖書公司　頁四五九—四六二

國立中央圖書館出版品預行編目資料

生命哲學續編／羅光著. --初版. --臺北市：臺灣學生, 民81

面；　公分

ISBN 957-15-0321-5 (精裝). --ISBN 957-15-0322-3(平裝)

1. 人生哲學

128.6　　81000287

生命哲學續編（全一冊）

著作者：羅光

出版者：臺灣學生書局

發行人：丁文治

發行所：臺灣學生書局

台北市和平東路一段一九八號

郵政劃撥帳號○○○二四六六八號

電話：三六三四一五六

FAX：三六三六三三四

本書局登記證字號：行政院新聞局局版臺業字第一一○○號

印刷所：淵明印刷廠

地址：永和市成功路一段43巷五號

電話：九二八七一四五

香港總經銷：藝文圖書公司

地址：九龍偉業街九十九號連順大厦五字樓及七字樓

電話：七九五九五九五

定價　精裝新臺幣二三○元　平裝新臺幣一七○元

中華民國八十一年元月初版

19104-1

ISBN 957-15-0321-5（精裝）
ISBN 957-15-0322-3（平裝）

學生書局出版 羅光博士著作目錄

士林哲學——實踐篇	25開本	四八四頁
士林哲學——理論篇	25開本	八〇六頁
中國哲學思想史 先秦篇	25開本	六五六頁
中國哲學思想史 兩漢、南北朝篇	25開本	七一〇頁
中國哲學思想史 魏晉、隋唐佛學篇（二冊）	25開本	一〇四二頁
中國哲學思想史 宋代篇（二冊）	25開本	九六二頁
中國哲學思想史 元、明篇	25開本	六三四頁
中國哲學思想史 清代篇	25開本	七四六頁
中國哲學思想史 民國篇	25開本	四八〇頁
中國哲學的展望	25開本	七〇四頁
新儒家論叢	32開本	二三〇頁
人生哲學論叢	32開本	四五二頁
宗教與哲學	32開本	三七〇頁
利瑪竇傳	32開本	二三六頁
羅馬四記	32開本	四二四頁

瑞士、羅馬、臺南	32開本	三〇六頁
臺北七年述往	32開本	二五二頁
儒家哲學的體系	25開本	四四〇頁
生命哲學	25開本	四〇〇頁
振興民族生命	25開本	一四八頁
儒家哲學的體系續篇	25開本	二七二頁
中國哲學的精神	25開本	三二八頁
儒家形上學	25開本	三三八頁
生命哲學續編	25開本	一九八頁